KB197324

육아, 그림책에 묻다

일러두기

＊본문에 수록한 인용문은 해당 출판사의 허락을 받았습니다.
 확인되지 않은 인용문은 추후 저작권이 확인되는 대로 적법한 절차를 진행하겠습니다.

육아, 그림책에 묻다

지은이 이정은
펴낸이 임상진
펴낸곳 (주)넥서스

초판 1쇄 인쇄 2022년 9월 15일
초판 1쇄 발행 2022년 9월 20일

출판신고 1992년 4월 3일 제311-2002-2호
10880 경기도 파주시 지목로 5 (신촌동)
Tel (02)330-5500 Fax (02)330-5555

ISBN 979-11-6683-368-7  03370

www.nexusbook.com

이정은 지음

# 육아,
# 그림책에
# 묻다

넥서스BOOKS

조선왕조실록에 이런 말이 기록되어 있습니다.

"아무리 사부(師傅)가 이끌어주고 빈료(賓僚)가 깨우쳐주더라도 가정에서 몸소 실천하여 가르치고 훈계하는 것만은 못합니다."그리고 조기교육에 대해 이렇게 말합니다.

"조기교육의 방도는 맨 먼저 격언(格言)·지론(至論)을 들려주어야 하고, 배양(培養)하는 방도는 문견이 큰 비중을 차지하는 것인데, 의복·음식·언어·행동부터 온갖 일에 이르기까지 모두 전하를 보고 본받는 것입니다. 그러니 전하께서 의당 자신을 더욱 힘써 닦아서 지선(至善)에 이르게 하여, 원자의 듣고 보는 것이 하나도 부정함이 없게 한 다음에야 자손을 편케 해주는 도리가 될 수 있습니다."

왕은 학문뿐 아니라 생활의 모든 몸가짐에서 세자의 가르침이 될 수 있도록 해야 한다고 말하고 있어요. 특히 부모 자신의 행동은 그렇지 못하면서 '이렇게 하라'라고 말하는 것이 아니라 부모가 먼저 '모범'을 보임으로써 자연스럽게 자녀가 그를 따르게 했다는 점에서 우리의 가정에서 부모가 어떠해야 하는지 많은 것을 생각하게 됩니다.

저는 육아라는 것을 시작한 지 15년이 조금 넘었어요. 모든 시간이 찬란하고 행복하고 해 좋은 날 말린 빨래처럼 뽀송뽀송했던 건 물론 아니에요. 수영장에서 신나게 놀고 난 후 바닥에 내동댕이쳐진 젖은 수영복처럼 축축하고 무거운 순간도 많았지요. 엄마라는 사람의 마음이 항상 따뜻하고 사랑으로 넘쳐나지 않아 자책과 후회로 물든 시간을 보내기도 했답니다.

우리는 두 번의 삶을 삽니다. 한 번은 부모가 길러준 삶이고, 다른 한 번은 부모가 되어 아이를 기르며 성장하는 삶이지요. 아이를 기르지 않았다면 느끼지 못했을 기쁨과 감동 그리고 오만 가지 감정의 산물들을 오늘도 생생히 경험하며 그 시간을 통해 성장하고 있어요. 성장의 과정에는 성장통이라는 것이 존재하듯, 오늘도 부모는 자녀와 함께 각기 다른 모습의 성장통을 겪으며 자랍니다.

나침반은 정확한 방향을 가리키기 전 좌우로 방향을 살피는 잠깐의 시간을 가져요. 그러한 시간이 '엄마의 인생'에 존재합니다. 매 순간 결정하고 선택할 일 앞에서 방향을 몰라 우물쭈물하기도 하고 뒤늦은 후회를 하기도 하고 가슴 쓸어내리며 그 순간 선택에 대해 만족스러운 박수를 보내기도 합니다. 아이를 키우는 시간은 이렇듯 늘 갈 바를 알지 못한 채 한 걸음 한 걸음 조심스레 내딛는 과정의 연속인 듯합니다.

유난스러운 우리 아이, 예민하고 까칠한 우리 아이, 수줍음이 많아 자기표현이 서툰 우리 아이, 늘 들러리만 서는 것 같은 우리 아이, 눈물이 많아 엄마를 마음 졸이게 하는 우리 아이를 봅니다. 자신의 어린 시절을 보는 것 같아 마음이 더 아프고 도와주고 위로해주고 싶지만 어떻게 다가가야 할지 잘 모를 때가 많습니다.

세상엔 전문가 수만큼, 육아서 수만큼 아이 키우기에 대한 가이드가 차고 넘칩니다. 열심히 공부하고 노력해도 아이는 제자리걸음인 것 같기도 합니다. 그래서 맥없이 놓아버리고 싶을 때도 있습니다. 그렇지만 포기할 수 없다면 우리의 선택은 하나입니다. 아이 발달에 대해 그리고 부모 역할에 대해 우리가 배운 적이 없어 그런 것이니 조금씩 배워나가고 이해하려고 노력해야지요. 그러한 노력을 잘 버무려 나만의 육아 스타일과 색깔을 만들어 보도록 애써야 합니다. 아이를 먼저 키운 분들의 이야기에 위로를 삼기도, 번뜩이는 아이디어를 얻기도, 새로운 시작을 계획해보기도 하세요. 그 시간이 모여 다시 일어날 힘이 생기고 아이 자체를 아름답고 신비로운 존재로 볼 수 있는 여유가 생겨날 거예요.

독불장군처럼 혼자 할 수 없는 것이 육아입니다. 혼자 달려나가기엔 그 시간이 짧지도 쉽지도 않아요. 마라톤처럼 긴 레이스입니다. 100m 달리기가 아닙니다. 그래서 육아에 대한 전체적인 이해가 필요합니다. 마라톤처럼 호흡 조절하는 방법도 알아야 하고 레이스 중간 물 마시는 타이밍도, 강약 조절하는 법도 배워야 합니다. 그걸 배우라고 매일 아이는 우리에게 새로운 고민거리를 안겨주며 생각하게 만드는 것 같습니다.

아이는 하나의 우주입니다. 부모 또한 그렇습니다. 여러 우주가 만나 또 다른 우주를 만들어내는 과정에는 화음도 불협화음도 법칙도 필요합니다. 소중한 우리 아이, 우리 가정에 필요한 메시지가 있습니다. 그것이 필요한 순간, 함께할 책이 여러분 곁에 있었으면 좋겠습니다. 이 책이 여러분 가는 길에 친구 같은, 친정 언니 같은 그런 따뜻한 위로가 된다면 좋겠습니다. 이 책에서 소개한 그림책이 여러분 가정에 든든한 친구가 되어주면 좋겠습니다. 그 친구와 함께 꿈을 꾸었으면 합니다. 오늘의 삶을 감사히 여기고 내일의 행복을 그려보면 좋겠습니다.

마지막으로 제 글의 9할을 담당해준 아들 서동하, 딸 서하늘, 남편 서광원에게 사랑하는 마음을 전합니다. 저를 낳아 길러주시고 '엄마'가 될 수 있게 해주신 아빠, 엄마께 진심으로 고마운 마음을 전합니다.

2022년 가을

이정은

# 차례

• Part 1 •

# 엄마 마음을 읽어야
# 육아가 편안하다

## 1장

# 욱하는 엄마,
# 멀어지는 아이

## 화가 난 날의 엄마 일기

"으앙~"

둘째 아이 울음소리다. 집은 여기저기 난장판, 아이는 눈물 콧물 다 빼며 울고 있다. 첫째 아이가 아이스크림을 바닥에 아무렇게나 두는 바람에 둘째가 밟고 넘어졌다. 이럴 때 정말 화가 난다. 물티슈로 쓱쓱 닦아내고 다음부터는 조심하라는 말을 조용히 전하면 끝날 일을, 오늘도 참지 못하고 그만 불같이 화를 냈다.

"먹고 나면 어떻게 하라고 했어! 언제까지 엄마가 따라다니면서 치워줘야 해? 너 때문에 동생이 넘어졌잖아." 목청껏 소리를 지르자 큰아이는 작은아이와 같이 울어 젖힌다. 내 마음은 옥수수를 쪄내는 찜통처럼 뜨겁고 연기가 펄펄 난다. 누가 내 마음에 난 불을 좀 꺼주었으면 좋겠다.

## <u>엄마 노트</u>
### – 왜 이렇게 화가 나는 걸까요?

2021년 2월에 열린 사생대회에서 한 엄마가 딸의 그림이 누락되자 화를 주체하지 못하고 대회를 주최한 편의점으로 자동차를 몰아 돌진한 사건이 발생했습니다. 직원이 실수로 그림을 본사에 제출하지 못한 점을 충분히 사과했음에도 지속해서 해당 편의점에 찾아가 소란을 피우고 항의하며 갈등을 빚었다고 합니다. 그녀는 왜 이렇게 앞뒤 가리지 않고 화를 냈을까요? 엄마 입장에서 그 일이 아이 인생에 매우 중요한 일이라고 생각했기 때문일까요?

우리는 매일 크고 작은 화를 내며 살아갑니다. 잠시 스쳐 지나가는 가벼운 화도 있고 온몸이 붉게 물들 정도로 강렬한 화도 있지요. 1년 365일 시도 때도 없이 경험하는 감정인데도 어떻게 다루고 표현해야 할지 잘 모릅니다. 소리를 지르고 욕을 하고 물건을 던지고 사람을 때리며 화풀이를 하기도 합니다. 무시하거나 멸시하고 비꼬고 경멸하는 시선을 던지며 침묵으로 일관하기도 합니다. 우리는 이런 화나는 감정을 잘못된 방법으로 아이에게 표출하기도 합니다.

자책과 후회로 물든 하루를 반성하지만 되풀이되는 일상의 연장선에 서 있는 자신을 볼 때면 안타깝고 아쉽고 못마땅한 마음입니다. 내 마음에 이는 화를 어떻게 조절해야 할지 몰라 답답할 때가 있습니다. 나는 왜 이렇게 화가 나는 걸까요?

유년 시절의 경험은 무의식 속에 남아 있습니다. 지속적인 신체적·언어적 폭력 상태에 노출되어 있었다면 나의 정서 상태는 늘 불안했을 테고 이 불안은 나를 방어하기 위해 더 공격적인 표현 방식을 사용하도록 만들었을 거예요. 분노조절장애 증상의 원인 중 가장 큰 요인은 유년 시절의 경험이라고 하지요.

SBS 스페셜 제작팀이 집필한 《화내는 당신에게》(위즈덤하우스)라는 책에 한 가지 실험이 소개되었습니다.

A, B 두 그룹에 각기 다른 강사를 배치했는데, 두 강사 모두 강의 시간에 늦었고 사과 한 마디 없이 엉뚱한 설문지를 작성하라고 하고는 나가버립니다. 이 상황에 대한 두 그룹의 반응이 달랐습니다. A 그룹 학생들은 강사의 상황을 이해하려고 노력

하는 듯한 모습을 보인 반면 B 그룹 학생들은 강사의 행동에 너 그럽지 않았습니다. 강의 시간이 되기 전에 소개된 강사의 이력 때문이었습니다. A 그룹에는 화려한 이력을 지닌 강사가, B 그룹에는 평범한 이력의 강사가 강의할 것이라고 소개했던 것이지요.

이 간단한 실험을 통해 우리는 한 가지 사실을 알 수 있습니다. 화는 아무에게나 내는 것이 아니라 낼 만한 사람에게 터트린다는 것이지요. 부부 싸움을 하면 그 불똥이 엉뚱하게 아이에게로 향할 때가 있어요. 억울한 아이는 자기보다 어린 동생이나 힘이 약한 친구를 때리고 괴롭히면서 화풀이를 합니다. 결국 화의 종착점은 가장 약한 아이가 됩니다.

화는 전염성이 강합니다. 아이에게 폭력적인 방법으로 화를 냈다면 아이는 부모의 방식을 무의식중에 내면화하여 자신의 분노를 같은 패턴으로 표현하게 됩니다. 인간이기에 희로애락을 느끼는 것은 자연스러운 일입니다. 분노, 화, 질투, 적개심과 같은 감정이 생기는 것 자체를 죄악시할 이유는 없어요. 그러나 부정적인 감정을 조절하고 상대가 수용할 만한 방식으로 표현하는 방법을 익히는 것은 무엇보다 중요합니다.

## 그림책 처방

《엄마가 화났다》(최숙희 글·그림, 책읽는곰)는 화를 내는 엄마를 이해하지 못하는 아이와 그런 아이에게 엄마의 진심을 알려주는 책이에요.

짜장면을 먹다 장난을 치는 아들 산이를 본 엄마는 가만히 좀 앉아서 먹으라고 짜증을 냅니다. 그리고 목욕탕에서 신나게 목욕하는 산이에게 "목욕탕에서 놀다 넘어지면 큰일 난다." 하고 버럭 소리를 지릅니다. 그림을 그리다가 종이가 작아 벽에 그림을 그리는 산이에게 엄마는 또 불같이 화를 냅니다. 산이는 엄마가 화를 내면 가슴이 뛰고 손발이 떨려 숨을 쉴 수가 없어요. 그런데 갑자기 산이가 사라집니다. 사라진 산이를 찾으러 우주 끝까지라도 갈 것 같은 엄마의 모습이 담긴 장면에 독자는 코끝이 아려옵니다. 엄마는 무사히 산이를 찾을 수 있을까요? 그리고 엄마와 산이는 서로를 이해할 수 있을까요?

❶ 화가 나면 일단 그 상황을 정리하고 거리를 두세요.
《엄마가 화났다》에서 엄마는 산이에게 자신의 감정을 거침없이 쏟아냅니다. 산이는 이런 엄마를 어떻게 받아들일까요?

답답하고 자기가 작아지는 것 같은 느낌이 들었을 거예요. 엄마의 검은 그림자가 거대하게 느껴졌겠지요. 무서워 도망가고만 싶었을 거예요.

엄마가 욱하고 화를 내면 아이는 무기력해지고 불안을 느낄 수밖에 없답니다. 아이가 이런 감정에 자주 노출되기를 바라는 부모는 없을 거예요. 화는 없애는 것이 아니라 다스려야 하는 것입니다. 시간이 지나면 같은 상황이라도 좀 더 유연하고 부드럽게 이야기할 만한 힘이 생기기도 합니다. 3분이면 됩니다. 나를 돌볼 수 있어야 아이도 돌볼 수 있어요.

❷ 짧고 명확한 메시지를 주는 훈육이 필요합니다.

훈육은 짧고 명확하게 하자고 마음먹어 보세요. 이야기가 길어지면 한 번 흔들린 마음이 더 흥분될 수 있어요. 흥분된 상태로 말하다 보면 훈육이 아닌 어린 자녀와 말싸움하는 상황으로 양상이 바뀌는 경우가 있답니다. 아이를 훈육해야 하는 상황이 벌어졌다면 먼저 전달하려고 하는 메시지를 정리해보세요. 감정을 앞세워 위협적인 말과 행동을 하는 대신 "식당에서 소리지르고 뛰어다니는 행동은 다른 사람에게 피해를 주니까 멈춰야 해"와 같이 상황을 이해시키는 말을 연습해보세요. 의식적인 연습만이 화를 다룰 수 있답니다.

**❸ 지나친 기대가 아이를 짓누르고 있지는 않나요?**

엄마는 아이에게 많은 기대를 합니다. 물론 기대와 희망이 없는 경기만큼 재미없는 경기도 없지요. 아이의 경주가 순조롭기를 바라는 마음에 엄마는 무엇이든 해주고 싶습니다. 하지만 아이가 생각만큼, 기대한 만큼 잘 따라와 주지 않으면 화가 나 버럭 큰 소리를 내기도 합니다. 기대에 못 미칠 때마다 실망하고 화를 낸다면 그 시간이 엄마와 아이에게 어떤 의미가 있을까요? 아이의 어제와 오늘을 비교하고 나아진 점에 집중해보세요. 가치를 인정해주는 연습을 해보세요. 주눅들어 있던 아이의 마음에 활기가 생기면 어떤 변화가 생길까요? 아이와 완전히 새로운 관계를 형성할 수 있을 거예요.

## 함께 읽으면 좋은 그림책

《화난 책》 세드릭 라마디에 글 | 뱅상 부르고 그림 | 길벗어린이

《스트레스 티라노》 김유강 글·그림 | 오올

《화가 나서 그랬어!》 레베카 패터슨 글·그림 | 현암주니어

## 2장

# 걱정이 낳은 걱정

## 걱정이 많은 날의 엄마 일기

유치원 졸업식 날 마지막 인사를 하고 나오는데 원장 선생님이 옆으로 다가와 낮은 목소리로 조심스레 말을 건넨다.

"아이 크는 거 잘 보고 필요하다면 성장 호르몬 주사 맞히는 것 꼭 고려해보세요. 제 아들이 지금 20대인데 160cm에서 성장이 멈췄어요. 한창 클 때 성장 호르몬 주사를 맞힐 걸 후회가 많이 남아요. 어머님 아이도 혹시 모르니 늦지 않게 성장 호르몬 주사 맞히세요."

또래보다 조금 작다고는 생각하나 혹시 모를 10년 후의 일을 나보다 먼저 염려해주시는 선생님 말씀에 기분이 영 찜찜하다. 걱정이 하나 더 늘었다. '영양가 있는 음식을 잘 챙겨 먹이지 않았나? 영양제나 보약이라도 먹여야 하나? 성장 주사 알아봐야 하나?' 머릿속이 복잡하다.

## 엄마 노트
### – 걱정 없이 살 수 없을까요?

마음은 그 자체로 공간이니,
그 안에서 지옥을 천국으로 만들 수 있고,
천국을 지옥으로 만들 수도 있다.

● 존 밀턴

'걱정하는 엄마 증후군'(worried mom syndrome)이라는 말이 있습니다. 아무리 대범하고 초연한 삶을 살아왔던 사람이라도 아이를 낳고 기르다 보면 이런저런 일로 아이에 대해 조바심을 내기 마련이지요. 아이로 인한 기쁨과 행복보다 걱정이 앞서는 때가 많습니다.

영국 작가 G. K. 체스터슨은 걱정에 대해 이렇게 말합니다. "걱정거리란 어린아이 같다." 걱정을, 보살피고 돌볼수록 쑥쑥 자라나는 어린아이에 비유한 말이지요. 걱정이라는 반갑지 않은 마음은 늘 엄마 머릿속을 떠나지 않은 채 아이가 자라는 만큼 함께 자라는 느낌이 듭니다. 옆집 아이들의 발육 상태, 교구, 사교육, 장난감, 옷, 먹거리를 보다 보면 부지불식간에 비교하는 마음이 듭니다. 불안과 걱정이라는 불편한 감정은 나도 모르는 사이에 모락모락 피어오릅니다.

엄마의 걱정 기제가 작동하면 아이를 과도하게 힘든 상황으로 몰아가기 쉽습니다. 소심한 성격 때문에 지적을 많이 받았던 엄마는 아이가 조금만 우물쭈물해도 비슷한 상황을 겪었던 나의 어린 시절 모습이 겹쳐 보여 힘들어집니다. 엄마가 어릴 때 수학 때문에 애를 먹었다면 아이도 같은 문제로 속 좀 태우겠거니 생각합니다. 그 순간 아이의 수학 문제가 엄마에게 가장 큰 걱정거리가 됩니다. 우리 아이의 아픔, 힘듦, 걱정이 내가 생각하는 것처럼 심각한 수준이 아닐 수도, 아무 일도 아닐 수도 있는데 한 번 시작된 걱정은 멈출 줄 모르지요.

부모의 지나친 불안과 걱정은 아이의 성장과 발달에 어떤 영향을 미칠까요? 엄마의 불안으로 인해 매사 엄마의 도움을 받은 아이는 엄마 없이 어떤 일을 할 때 굉장한 두려움과 불안을 갖고 시작할 수밖에 없습니다. 누군가의 관찰과 도움 없이 한 발짝도 혼자 가본 적 없는 아이의 심리 상태는 한 발만 내디뎌도 금이 쫙 가버리는 살얼음판과 같지요. 반면 스스로 무언가를 시작하고 마무리했던 경험이 많은 아이의 경우 모든 과업을 대할 때 자신에 대한 효능감과 가능성에 무게를 두고 실행해나갈 거예요.

타고난 기질, 성향과 함께 부모가 보여준 전반적인 삶의 태도는 아이 성격에 많은 부분 영향을 미칩니다. 자, 이제 부모가 아이에게 어떤 태도를 보여주어야 할지는 자명합니다. 불필요한 걱정을 멈출 때입니다. 그리고 아이의 무한한 성장 가능성과 잠재력에 눈을 맞춰주세요. 대부분의 걱정은 쓸모없는 감정일 확률이 높습니다.

## 그림책 처방

《고민 해결사 펭귄 선생님》(강경수 글·그림, 시공주니어)에는 다양한 고민을 갖고 상담사 펭귄 선생님을 찾는 동물들과 펭귄 선생님이 등장하는 이야기예요.

오전 10시가 되면 곰, 원숭이, 개구리, 악어 등 많은 동물이 고민을 한 아름 안고 펭귄 선생님에게로 모여들어요. 펭귄 선생님은 동물들의 이야기를 조용히 들어줍니다. 고민을 안고 있던 동물들은 펭귄 선생님과 이야기를 나누고 나서 꽤 만족스러운 얼굴로 돌아가요. 돌아가는 길에 그들은 "역시 펭귄 선생님이 최고!"라는 찬사를 아끼지 않습니다. 펭귄 선생님의 상담 비결은 과연 무엇이었을까요?

**❶ 내 마음속 진짜 걱정거리를 꺼내보세요.**

펭귄 선생님은 고민을 갖고 찾아온 동물들의 수많은 이야기를 그저 들어줍니다. (물론 정말 들었다고 볼 수는 없지만) 자신을 힘들게 했던 고민이 해결되었다고 느끼는 동물 친구들은 펭귄 선생님에게 감사의 말을 전하며 돌아가지요. 우리의 많은 걱정과 고민이 이러할 수 있습니다. 꺼내놓는 것만으로도 많은 부분이 해결될 문제일 수 있어요.

누군가에게 이야기하기 어렵다면 머릿속에 있는 많은 걱정거리를 구체적으로 적어보는 건 어떨까요. 그중 내가 혼자 해결할 수 있는 것, 주위 사람의 도움을 받을 수 있는 부분, 전문가에게 맡기면 좋을 부분을 구분해서 생각해보세요. 이렇게 정리하는 과정에서 많은 부분이 단순해지고 해결되는 것을 확인할 수 있습니다. 그리고 내가 안고 있는 걱정거리를 종이에 적어두고 며칠 후 확인해보세요. 그렇게 걱정했던 것이 생각보다 별것 아니라는 사실을 확인할 수 있을 거예요.

**❷ 집중할 수 있는 재미있는 활동을 해보세요.**

대문호 셰익스피어는 이런 말을 남겼습니다. "사람은 마음이 유쾌하면 종일 걸어도 싫증이 나지 않지만, 걱정이 있으면 불과 10리 길이라도 싫증난다." 인생도 육아도 마찬가지죠. 밝고 유쾌한 마음을 가지고 걷지 않으면 쉽게 지치기 마련입니다. 걱정한다고 나아질 것이 없다면 일상에서 즐겁게 할 수 있는 특별한 시간을 찾아 지속해보세요.

캘리그래피, 손뜨개질, 인형 만들기, 종이 공예와 같이 손을 이용한 활동 혹은 자녀의 학업과 관련된 자격을 취득하는 과정을 공부하다 보면 정신적인 스트레스를 이완할 수 있고 행복감, 만족감을 느낄 수 있답니다. 뭔가에 몰입한 상태가 되면 많은 걱정을 멈출 수 있어요. 걱정을 멈추는 경험, 그리고 다른 것에 몰입해서 즐거움을 맛보는 경험은 또 다른 나를 찾고 자신감을 갖도록 도울 수 있습니다.

**❸ 자신의 가능성을 믿고 긍정적으로 생각해보세요.**

"그렇지." "맞아, 바로 그거야." "오늘도 해냈구나." "처음엔 다 어려운 거야." 이런 말을 늘 듣고 자란 아이와 "그거 하면 다쳐."

"거봐 엄마가 안 될 거라고 했잖아." "넘어져, 뛰지 마"와 같은 걱정 어린 말을 듣고 자란 아이의 사고방식은 다를 수밖에 없습니다.

긍정의 말을 아이뿐 아니라 자신에게도 적용해보세요. "이 정도면 잘하고 있다" "오늘 하루를 멋지게 사는 것에 집중하자" "내일은 더 나아질 것이다"라고요. 내 선택에 따라 내 마음은 천국이 될 수도, 지옥이 될 수도 있습니다. 머지않아 잊어버리게 될 걱정으로 소중한 시간을 낭비하지 않았으면 좋겠습니다. 가치 있는 행동과 감정, 긍정적인 사고, 진정한 사랑, 오래도록 남을 일에 삶을 바쳐보세요. 사소한 걱정 따위에 신경 쓰기에는 시간이 너무나 짧습니다. 걱정으로부터 나와 아이를 끌어내줄 단단한 동아줄은 내 안에 있다는 것을 기억하세요. 자신의 가능성을 믿고 긍정적으로 생각하는 연습을 꾸준히 해보세요.

## 함께 읽으면 좋은 그림책

《걱정 상자》 조미자 글·그림 | 봄개울

《걱정이 너무 많아》 김영진 글·그림 | 길벗어린이

《겁쟁이 빌리》 앤서니 브라운 글·그림 | 비룡소

## 3장

# 비교를 멈추면
# 보이는 것들

## 비교하던 날의 엄마 일기

오늘은 유치원 '엄마 참여 수업'이 있는 날이다. 아이는 며칠 전부터 기대하고 있는데 난 걱정스러운 마음이 앞선다. 종종 아이를 다른 아이와 비교하는 마음이 드는데 유치원에 가서 다른 아이들과 우리 아이를 비교하게 되지는 않을까. 아이 자체로 빛나고 소중한 존재로 바라봐야 하는데 그게 쉽지 않다. 내 아이보다 발표를 똑소리 나게 잘하거나 반 분위기를 이끄는 리더십이 돋보이거나 친구 관계가 원만한 아이를 보면 어김없이 내 아이에 대한 실망감이 드러난다. 안 그러고 싶은데, 아이 마음에 상처 주고 싶지 않은데 잘난 친구들 속에 있는 내 아이를 보면 자꾸 비교하며 순위를 가늠하고 있다.

## 엄마 노트
### - 나의 경쟁 상대는 어제의 나

누군가와 나를 비교하면 비참해지거나 교만해지기 쉽다는 말을 많이 합니다. 나보다 조금 더 나은 상황에 있는 사람을 볼 때 느끼는 질투와 비참함, 나보다 힘든 상황에 있는 사람을 볼 때 은근슬쩍 고개를 들고 나타나는 교만이라는 마음. 이 두 마음 모두 우리 삶을 위태롭게 할 수 있습니다. 머리로는 알지만 우리는 시도 때도 없이 나와 내 아이, 내 가족을 다른 누군가와 늘 비교하며 살아갑니다.

저는 첫 아이를 낳은 후 산후조리원에 들어가 몸조리를 했어요. 아이를 낳은 날은 비몽사몽 정신도 없고 많이 힘들었지요. 하지만 엄마라면 꼭 해야 할 신성한 일이라고 여겨지는 '초유 먹이기'를 해야 한다는 필사적인 마음으로 수유를 시도했어요. 아이와 일심동체가 되어 젖을 먹이려 애를 썼지만 생각보다 쉽지 않았어요. 다른 초보 엄마들도 나와 비슷하겠지 했는데⋯ 웬

걸요. 옆에서 신나게 수유하는 엄마와 꿀떡꿀떡 열심히 먹고 있는 아이를 보고 있자니 비참한 마음이 들더군요. 내 아이를 놓고 하는 최초의 비교였지요.

옆집에는 뭐든지 빠른 토끼 같은 아이가 있습니다. 한글도 빨리 깨우치고 숫자도 금방 읽고 키도 쑥쑥 자라는 것 같아요. 우리 애가 초라해보이고 내 모습도 덩달아 후져보이는 것 같습니다. 옆집 아이의 모든 것이 궁금해집니다. 뭘 먹이는지, 뭘 가르치는지, 주말엔 어디에 가는지 물어보게 되지요. 옆집 애가 하는 대로 하면 우리 애도 좀 달라지지 않을까 하는 기대를 합니다. 그리고 그 집 정보를 한 아름 가져와 내 아이에게 안겨주기도 합니다. 다음 날에는 또 다른 할 거리를 한 아름 안겨줍니다. 엄마도 아이도 지쳐갑니다. 비교에서 비롯된 에너지 소모는 생각보다 자주 그리고 이곳저곳에서 나타납니다.

비교는 '생존을 위한 본능'이라고도 합니다. 의식적으로 막으려 해도 쉽지 않다는 것이죠. 그렇다면 그 마음을 비난하기보다 비교를 발판 삼아 앞으로 나아갈 수 있는 방법을 고민해보는 것은 어떨까요? 심리학자 아들러는 자신보다 모든 면에서 나은 형에 대한 열등감 때문에 더 열심히 공부하고 연구해서 그와 같은 업적을 남길 수 있었다고 합니다.

다른 엄마의 육아 방식을 보면서 내 삶에 적용해보는 것, 필요하고 좋은 시도입니다. 하지만 먼저 고려해야 할 것은 나와 아이의 상황입니다. 아무리 좋은 것이라도 내 상황에서는 하루 이틀 하다가 말 일인지, 내 경제력으로는 무리한 일은 아닌지, 우리 아이에게 어려운 과제는 아닌지 나와 우리 가족의 상황을 먼저 살펴보아야 해요.

《미움받을 용기》(기시미 이치로·고가 후미타케 글, 인플루엔셜)에 이런 말이 있어요. "우리는 세로축이 존재하지 않는 평평한 공간을 걷고 있네. 우리가 걷는 것은 누군가와 경쟁하기 위해서가 아니야. 지금의 나보다 앞서 나가려는 것이야말로 가치가 있다네." 건전한 열등감이란 남과 비교하지 않고 내 기준에서 스스로 평가하고 만족감을 얻는 것이랍니다.

## 그림책 처방

《질투가 나는 걸 어떡해!》(코넬리아 스펠만 글, 캐시 파킨슨 그림, 보물창고)는 질투가 많은 주인공이 질투심을 솔직히 인정하고 조절하는 과정을 담은 그림책이에요.

화가 난 표정으로 "가끔 난 질투가 나"라고 말하는 주인공이 첫 페이지에 등장합니다. 주인공은 다양한 상황에서 질투가 난다고 말하는데요. 우리 아이들이 커가면서 만날 법한 상황들이 등장해 공감을 불러일으킵니다. 이를테면 동생을 예뻐하는 엄마를 볼 때, 내가 원하는 것을 다른 사람이 갖고 있을 때, 내가 잘하고 싶은 일을 옆 친구가 멋지게 해낼 때 뾰족뾰족하고 뜨겁고 지독한 감정을 느껴요. 그럴 때 주인공이 감정을 해소하는 방법이 있어요. 마음이 한결 가벼워진다는 걸 보면 꽤 괜찮은 방법 같습니다.

❶ 자신의 마음을 솔직하게 인정해보자.

누구나 비교를 하거나 당하면서 살아갑니다. 비교는 살아가는 과정에서 누구나 자연스레 만나게 되는 불편한 친구 같습니다. 그러니 삐죽삐죽 질투가 나는 나의 마음을 솔직하게 인정해보세요. 《질투가 나는 걸 어떡해!》의 주인공처럼 다른 사람에게 나의 마음을 털어놓아요. 내 마음을 인정하고 보여주면 그곳에서 위로가 시작되기도 합니다. 그리고 다른 사람이 가진 것에 대해 부럽고 질투가 나는 상황이 당연할 수 있다고 멋지게 인정하세요. 그것부터 시작입니다. 자기 부정을 하다 보면 자괴감, 열등의식에 사로잡히고 맙니다. 그러면 나와 아이 모두 불행이라는 기어를 넣은 상태로 직진할 수밖에 없답니다.

**❷ 내 아이가 잘하는 것, 내가 잘하는 것에 집중해보자.**

그림책 《숟가락》의 주인공 숟가락은 자신보다 포크, 나이프, 젓가락이 멋지다며 부러워하고 불평합니다. 그러다 친구들이 숟가락을 부러워하고 있음을 알게 되자 숟가락은 자신만이 누릴 수 있는 기쁨을 잊고 살았음을 깨닫습니다. 이것을 알기 전에는 모든 것이 지루하고 따분하고 만족스럽지 않았는데 나의 가치를 알고 나니 세상이 달라보입니다.

'우리 아이가 가장 잘하는 게 뭐지?' '우리 아이가 제일 좋아하는 것이 뭐지?' '우리 가족은 어떤 일을 할 때 행복하지?' 이렇게 잘하고 좋아하는 것에 집중하는 연습을 해본 경험이 있나요? 이런 경험과 생각에 집중해야 엄마도 살고 아이도 삽니다. 나와 내 아이가 잘할 수 있는 것을 찾고 거기에 집중하다 보면 결국 조금씩 발전하는 모습을 마주하게 될 거예요.

**❸ 타인의 성취를 인정하는 여유로움과 느긋함을 가져보자.**

아직 우리 아이는 완성된 그림을 그리지 않은 작은 점에 불과한 존재입니다. 앞으로 아이는 이 점을 연결해 전체 그림을 위한 직선과 곡선을 그려나갈 것입니다. 겨우 몇 개의 점을 보고 실망하고 자책하는 것만큼 어리석은 일도 없지요. 나와 우리 아이의 삶은 이어야 할 선이며 채워야 할 색이고 완성해야 할 밑 그림입니다.

끝없이 욕심내고 비교하다 보면 급류에 휩쓸리고 말아요. 나와 아이를 위한 올바른 길이 어떤 길인지 생각하고 정리해서 주관을 가지고 나아가야 흔들리지 않아요. 그러려면 타인의 성취를 인정할 줄 아는 여유로움과 느긋함이 선행되어야 합니다. 그리고 나를 바라보는 시선에도 따스함과 믿음이 살아 있어야 해요. 본인의 선택과는 무관하게 태어난 아이를 있는 그대로 바라봐주지 않는다면 그 상처와 열등감은 흉터로 남고 말 테니까요.

**함께 읽으면 좋은 그림책**

《숟가락》에이미 크루즈 로젠탈 글. 스콧 매군 그림 | 지경사
《짧은 귀 토끼》다원시 글. 탕탕 그림 | 고래이야기
《펭귄의 걱정거리》이수연 글. 강은옥 그림 | 발견(키즈엠)

## 4장

# 2배속 엔진을
# 달고 사는 워킹맘

## 속상한 날의 엄마 일기

아이가 밤새 아팠다. 열이 올라 잠을 잘 못 자고 칭얼거렸고 나도 수시로 일어나 체온을 재느라 새벽녘에야 겨우 잠들었다. 다행히 열은 내렸지만 이렇게 아이가 아플 때면 늘 마음이 편치 않다. 아이를 낳고 산후조리 후 한 달 만에 직장으로 뛰쳐나온 엄마라 아이가 아프면 늘 내 탓을 하게 된다. 엄마 손이 아닌 다른 사람의 손을 많이 타서 약한 건 아닌가 싶어 마음이 힘들다. 나도 한때는 우리 팀에서 손에 꼽히는 기대주였는데, 이젠 민폐나 끼치는 애 엄마에 불과한 것 같아 속상하다.

## 엄마 노트

**- 아이와 있는 시간의 질을 높이면 괜찮아요.**

아이가 아플 때 일터로 향하는 엄마는 마음이 찢어집니다. 아이의 아픔이 장기전으로 가기라도 하면 '안정된 환경에서 충분한 휴식을 취했다면 금방 털고 일어났을 텐데…' 하고 일하는 엄마인 자신을 탓하는 마음이 들지요. 혼자 끙끙거리며 애쓰는 아이를 두고 나와서 일한다는 것은 생각만큼 쉬운 일이 아닙니다.

전업맘으로 살기로 선택한 내 주변 아이 엄마들의 선택이 부러우면서 내가 그러지 못한 상황에 자책감이 들기도 합니다. 워킹맘으로 살아가는 것이 맞는 선택이었는지 여전히 흔들릴 때가 참 많아요. 직장에서나 가정에서 100% 내 역량을 발휘하고 있지 못한다는 생각에 자존감마저 무너질 때가 종종 있습니다. 그러다 보면 본능적으로 짜증이 솟구치고 목소리도 눈빛도 날카로워지지요. 그런 나의 모든 감정 쓰레기를 아이들이 받아냅니다. 그래서 아이를 보면 울컥 눈물이 나기도 합니다.

엄마는 아이에게 낯설고 힘들고 불편한 상황에서 편안한 안식처가 되어줄 수 있는 유일한 사람이에요. 하지만 일하는 엄마는 아이와 온전히 보낼 수 없는 시간에 대한 목마름이 있답니다. 마음은 함께하지만 몸은 떨어져 있기에 더 안쓰럽고 속상하고 애가 탑니다. 일과 육아를 야무지게 해낸 엄마들의 성공신화를 보면서 "나도 할 수 있어." "해보자"라고 파이팅을 외쳐보지만 곧 체력과 능력의 한계를 느끼고 짜증과 불안, 불만이라는 감정이 되돌아옵니다.

이럴 때일수록 속상한 마음을 잠시 내려놓고 자신을 위로하는 시간도 가져볼 필요가 있어요. 아이가 취학 연령이 될 때까지 경력 단절 여성이 되지 않았다면, 경제적 이유 외에도 일에서 재미와 보람을 느끼고 있기 때문일 가능성이 있습니다. 자신의 역량을 발휘하고 인정을 받고 자기계발을 위한 걸음을 멈추지 않는 엄마 자신에게 박수를 보내도 좋습니다. 아이만 키우는 것도 벅차고 힘든 일입니다. 두 가지 일을 병행하면서도 일을 멈추지 않는 엄마에게는 또 다른 에너지가 있는 것 같습니다. 내가 할 수 있는 범위 너머의 일까지 욕심을 내다 보면 가끔 지치고 힘들 수 있지만 돌아보면 그 과정이 나를 이만큼 성장시켰지요.

회사에서 8~9시간을 쏟는다는 것은 이미 일과 육아 중 일에 더 많은 시간을 보내는 양적 불균형 상태에 있다는 것을 의미합니다. 어쩔 수 없다면 '질적 균형'을 맞추면 되지요. 아이와 보내는 시간을 의미 있게 보낸다면 얼마든지 괜찮아요. 엄마의 진심을 아이가 이해하고 확인할 수 있어요. 그 과정에서 엄마가 보여주는 열심과 애정으로 아이는 자랍니다.

《이상한 엄마》(백희나 글·그림, 책읽는곰)는 열이 나서 조퇴하고 돌아온 아이 호호에게 당장 가보지 못하는 엄마 대신 누군가 호호를 돌봐주는 이야기예요. 호호를 돌봐준 사람은 누구일까요?

회사에서 일하던 엄마는 아들 호호가 아파서 조퇴했다는 전화를 받아요. 가슴이 덜컥 내려앉고 걱정되지만 하던 일을 멈추고 아들에게 달려갈 수 없습니다. 호호 외할머니에게 통화를 시도하다 겨우 연결된 전화기 건너편 목소리. 조금 이상했지만 급한 마음에 아들에게 빨리 가달라는 말을 남기고 전화를 끊습니다. 누군지 모르지만 전화를 받은 사람은 엄마 대신 집으로 달려가 아픈 아이에게 달걀국을 끓여주고 막힌 코를 뚫어주기 위해 안개비도 만들어줍니다. 아들은 폭신한 구름 침대에서 편안히 잠들어요. 퇴근하고 돌아온 엄마는 구름 침대에서 자는 아들을 보고 스르륵 함께 잠이 들지요. 그렇게 푹

자고 나 부엌으로 가보니 푸짐한 저녁 식사가 엄마와 아들을 기다리고 있습니다. 누구의 선물일까요?

**❶ '적당히 좋은 엄마'가 되어도 좋습니다.**

어차피 상황을 바꿀 수 없다면 긍정적으로 생각해볼까요? 엄마가 일하면 아이는 엄마의 영향력 아래 있는 시간이 적어집니다. 이것이 꼭 아이에게 부정적인 영향을 줄까요? 영국의 소아정신과학자 도널드 위니컷(Donald Woods Winnicott)은 이런 이야기를 해요. 아이에게 필요한 엄마는 '좋은 엄마'가 아니라 '적당히 좋은 엄마'라고요.

아이에게는 완벽한 엄마가 아니라 '적당한 거리를 두는 엄마'가 필요하다는 것입니다. 엄마와 적당한 거리를 두고 있는 아이는 좌절과 불편을 경험하고 스스로 문제를 해결해나가는 과정을 겪습니다. 이는 아이를 독립적 존재로 자라도록 돕는 좋은 방법이라고 말합니다. 워킹맘이라 어쩔 수 없이 아이와 일정 시간 이상을 보낼 수 없다면 '나는 아이를 독립적으로 성장시킬 좋은 기회를 주고 있다'라고 생각을 바꾸어보는 건 어떨까요?

**❷ 아이와 함께할 수 있는 시간을 소중히 여겨주세요.**

그림책 《토요일 토요일에》에는 일하는 엄마와 딸이 주인공으로 등장합니다. 일주일 중 6일을 일하는 엄마가 유일하게 쉬는 날인 토요일을 아이는 손꼽아 기다리지요. 도서관, 미용실, 인형극 관람, 공원 산책 등 하고 싶은 일을 계획해 두었으나 마음에 들지 않는 헤어스타일, 많은 사람으로 붐비는 공원 잔디밭, 인형극 티켓을 가져오지 않아 인형극을 관람할 수 없는 상황. 어느 것 하나 계획대로 진행되지 않습니다.

기대하던 토요일을 망쳐 자책하는 엄마에게 아이는 이렇게 말해줍니다. "속상해하지 말아요, 엄마. 오늘은 특별하고 멋진 날이었어요. 왜냐하면 엄마랑 나랑 함께 보내잖아요." 아이와 긴 시간을 함께 보내지 못해도 서로의 마음을 맞추어가는 시간으로 그 시간을 보낸다면 아이도 충분히 엄마의 빈자리를 이해해줄 거예요. 아이와 보내는 시간이 길지 않아 마음 한구석이 늘 무거운 엄마들이여! 홀로 고민하고 자책할 시간에 아이와 시간을 함께 보내고 눈을 맞춰주세요.

❸ 일과 육아의 균형을 지혜롭게 맞추어 갈 수 있어요.

해내야 한다고 생각하는 일의 균형을 완벽히 맞추며 살 수 있는 사람은 없습니다. 항상 50:50의 에너지와 역량을 발휘하며 충족시킬 수 없죠. 과유불급이라는 말을 기억해보세요. 이제 엄마로 살기 시작한 지 몇 년이나 되었나요? 앞으로 엄마로 살아갈 시간이 얼마나 남았나요? 이제 시작입니다. 그러니 당연히 넘어지고 쓰러지고 아플 수밖에요.

긴 시간 걸리지 않아 완벽하진 않아도 어느 정도 균형을 맞출 수 있을 거예요. 자전거 처음 배울 때를 떠올려보세요. 쉽게 균형을 잡지 못하고 이리저리 넘어지기 일쑤였지요. 하지만 반복된 연습과 시간이 쌓이면 결국 균형을 맞추고 속도를 조절하며 즐기게 된답니다. 일과 육아도 마찬가지입니다. 시간이 쌓이면 일과 육아와 나의 바퀴가 박자와 흐름을 타면서 부드럽게 앞으로 가게 된답니다. 당장 완벽하게 해내지 못했다고 포기하지 마세요. 결국은 해낼 겁니다.

### 함께 읽으면 좋은 그림책

《토요일 토요일에》오게 모라 글·그림 | 보물창고
《돼지책》앤서니 브라운 글·그림 | 웅진주니어
《혼자가 아닌 날》구오징 글·그림 | 미디어창비

## 5장

# 부모로부터 '독립'이
# 목표입니다

## 뭐든 도와주던 날의 엄마 일기

"엄마가 해줄게" "엄마가 도와줄게"라는 말을 입에 달고 산다. 아이가 서투니까 어른인 내가 도와주면 당연히 더 빠르고 능숙하게 할 수 있다고 생각했다. 그런데 요즘 들어 아이가 스스로 할 수 있는 일도 해달라고 할 때가 많아 조금 혼란스럽다. 밥도 떠먹여주지 않으면 숟가락을 들 생각을 하지 않는다. 필요한 물건이 있으면 멀리 있는 엄마를 부른다. 또 혼자 있는 시간에는 자신이 무엇을 해야 하는지 잘 몰라 "엄마 나 뭐해?" "엄마 나 놀이터 가도 돼?" 하고 사사건건 자신이 해야 할 행동을 물어보기 시작한다. 뭔가 잘못되어 가는 것 같다.


## 엄마 노트
### – 자기 주도적인 아이가 되길 바란다면

"자식에게 어려움 없는 환경을 만들어주는 게 양육의 목표는 아니다. 힘든 경험은 인간을 성장시킨다. 우리 부부는 형편이 넉넉했지만 아이 대학원 학비를 대주지 않았다. 큰딸 수전은 이 때문에 오랫동안 내게 화가 나 있었다. 그렇지만 수전은 제힘으로 대학원을 다녔고 집도 샀다. 내가 '헬리콥터 엄마'로 주택담보대출을 갚아줬더라면 수전이 그 차고에서 구글이 탄생하는 일도 없었을 거다."

유튜브 CEO 수전 워치츠키(Susan Wojcicki)를 키워낸 어머니의 이야기입니다. 그녀의 둘째 딸은 UC샌프란시스코 소아청소년과 교수, 막내딸은 유전자 검사 분석업체 CEO입니다. 그녀는 '성공적인 인간을 길러내는 5가지 원칙'으로 신뢰(trust), 존중(respect) 자립(independence), 협력(collaboration) 친절(kindness)을 꼽습니다. 그리고 아이들을 키울 때 '독립심'을 길러주는 것을 제1의 목표로 삼았다고 해요. 스스로 옷 입고 밥 차려 먹기 등 기본적인 생활습관을 일찍 습득하도록 가르쳤다고 해요. 딸들이 독립적으로 꿈을 좇기를 바라고 통제하려 하지 않았다고 합니다.

출산율 저하를 겪고 있는 한국과 미국의 공통적인 상황 속에서 그녀는 이렇게 이야기합니다. 출산율 저하의 원인은 부모가 '아이의 행복'을 책임져주어야 할 것 같은 부담을 느끼기 때문인데 그 마음을 내려놓아야 한다고요. 재미와 행복을 부모에게 의존하지 않는 아이가 되도록 기르는 것이 중요합니다.

우리나라 교육열, 두말하면 잔소리입니다. 이 교육열은 엄마의 치맛바람과 자녀에 대한 간섭과 지시를 당연시 여기며 엄마를 떠나지 못하는 자녀를 만들어내고 있습니다. 일본에도 몬스터 페어런츠(monster parents)라는 유사한 개념이 있어요. 자식을 지나치게 감싸다 보니 학교나 공공시설 등의 주변에 끼치는 민폐 행위가 부각되어 이런 용어가 생겨난 것입니다. 아이를 잘 키우려는 열심과 노력이 결국에는 '막장 부모'라는 오명을 쓰게 된 상황을 눈여겨봐야 합니다.

인간의 삶 가운데 존재하는 다양한 형태의 갈등 속에서 이를 해결해나가는 협상과 지혜는 저절로 생기는 것이 아닙니다. 문제 상황 속에서 스스로 해결해보고 난관을 헤쳐나가본 경험이 아이를 성장시키는 거지요. 부모가 모두 나서서 해결해주고 도와주는 방식의 육아는 결과적으로 의존적인 아이를 만들 수밖에 없다는 것을 기억하세요. 엄마가 멈추어야 하는 순간을 알아야 우리가 그리도 바라는 '자기 주도적 아이'가 됩니다.

'자기 주도 이유식' '자기 주도 숟가락' '자기 주도 턱받이'를 스마트 스토어에서 판매하고 있는 것을 보았습니다. 자기 주도라는 단어를 이렇게도 사용할 수 있다니 흥미롭습니다. 자기 주도성을 위해 먹는 것부터 까다롭게 신경 쓰고 노력하는 엄마라면, 과한 도움을 주지 않을 수 있습니다.


## 그림책 처방

《젓가락 짝꿍》(에이미 크루즈 로젠탈 글·스콧 매군 그림, 비룡소)은 한 쌍의 젓가락이 서로 떨어져 새로운 경험을 하는 이야기예요.

젓가락 두 짝은 더없이 잘 맞는 단짝이에요. 늘 함께하며 훌륭히 맡은 역할을 소화해내지요. 하루는 젓가락 묘기를 배우다 젓가락 한 짝이 다쳤어요. 젓가락 한 짝은 끝이 부러져 붕대를 싸매고 쉬게 되었지요. 다른 한 짝에게 혼자 할 수 있는 일이 있는지 찾아보라고 이야기합니다. 남은 한 짝은 혼자서는 아무엇도 할 수 없다고 했지만, 곧 눈을 돌려 무엇을 할 수 있을지 찾아봅니다. 처음엔 멀뚱히 서 있기만 했어요. 그러다 조금씩 할 수 있는 것을 찾아 나갑니다. 젓가락 혼자서 무엇을 할 수 있을까요? 그 과정을 애니매이션을 보듯 유쾌하게 풀어냈어요.

### ❶ 선을 넘지 않는 아슬아슬한 줄타기

《젓가락 짝꿍》의 젓가락이 나와 내 아이라 생각해볼까요? 엄마는 아이를 품고 낳기까지 아이와 한 몸이었습니다. 출산이라는 과정을 통해 생물학적으로 분리를 하긴 하지만 정서적인 분리와 독립은 아직 먼 일이라 생각할 때가 많아요.

물론 아이의 성장 과정에서 부모의 도움이 절대적으로 필요한 시간이 있지요. 하지만 아이의 성장과 함께 부모의 개입은 수위를 조절해야 하고 혼자만의 시도를 격려하는 과정도 필요합니다. 젓가락 두 짝이 떨어져 지내는 순간이 없었다면 젓가락 혼자 할 수 있는 일이 있을 거라고 생각지 못했을 테니까요. 혼자인 순간이 있었기에 자신의 잠재된 능력을 알게 됩니다.

도움을 주어야 할 때와 혼자 해보라고 등을 떠밀어야 할 때가 있습니다. 엄마도 아이도 그 누구도 정답을 갖고 있지 않아요. 내 아이를 지근거리에서 관찰하면 보입니다. 매사에 팔을 걷어

붙이고 달려들다 보면 볼 수 없습니다. 아이의 자발성과 자율성을 잃어가는 모습이 우리 가정에서 재연되고 있는 건 아닌지 확인해보세요.

### ❷ 성공 경험만이 아이를 키우는 것은 아니에요.

수많은 난관을 만나고 실패를 경험하며 아이는 자랍니다. 성공 경험만이 아이를 키우는 것은 아니지요. 다양한 감정을 느끼고 자존감이 바닥을 치는 경험을 하며 거절의 순간도 맛보며 자라납니다. 그런 과정 없이 아이가 단단하게 자라기를 기대하는 것은 어리석은 일입니다. 실패를 경험하는 과정이 자기만의 색깔과 생각을 가질 수 있는 자양분이 된다고 생각해보세요.

아이가 독립적인 존재로 자라나려면 부모는 뒷짐지고 기다리고 지켜봐줄 수도 있어야 합니다. 밀당이 필요하죠. 아이가 손을 내밀고 도와달라고 외치기 전까지 힘들지만 지켜봐 주는 것이 아이에게 좋은 약이 되기도 합니다. 아이에게 내민 손이 꼭 모성애를 대변하는 것이 아니에요. 아이를 나약하게 만들어 가는 독약이 될 수 있다는 점, 유념해주세요.

### ❸ 행복한 독립을 위한 지혜와 용기가 필요해요.

아이를 가르치고 키워서 도달해야 하는 최종 목적지가 어디인가요? 영어, 독서, 사고력 수학, 음악, 미술놀이의 궁극적인 목표가 어디에 있나요? 학업 성취도를 높이고 두꺼운 책을 읽어내고 어려운 수학 문제집을 술술 풀어내는 이유가 무엇인가요?

결국엔 부모의 그늘이 아닌 자립적으로 판단하고 경제 활동을 하며 행복한 삶을 영위하는 것에 있습니다. 아이의 자연스러운 독립은 언제 이루어질까요? 어떻게 가르쳐야 할까요? 유아기부터 자기 스스로 할 수 있는 일의 범위를 넓혀 나가면서 자신감을 누적시켜 나가야 나이에 맞는 자립심이 생깁니다. 내 품에 있을 때 따뜻하게 보듬고 안아주는 것, 부모로서 가장 기본적으로 해야 할 일이지만 은근슬쩍 "혼자 해봐"라고 말할 수 있는 지혜와 용기도 있어야 합니다.

## 함께 읽으면 좋은 그림책

《엄마 아빠랑 난 달라요》안 에르보 글·그림 | 한울림어린이

《할머니 집 가는 길》마거릿 와이즈 브라운 글·하야시 아키코 그림 | 북뱅크

《아름다운 실수》코리나 루켄 글·그림 | 나는별

6장

# 육아 우울증,
# 나는 괜찮을 줄 알았다

## 다 내려놓고 싶던 날의 엄마 일기

매사에 흥미가 없다. 즐거운 일이 없다. 이유 없이 눈물이 나고 잠이 쏟아진다. 눈 뜨고 일어나면 똑같은 하루를 살아가는 것 같아 삶의 의미를 찾기가 어렵다. 오늘도 아이에게 힘든 마음을 한바탕 쏟아놓았다. 후회막심이다. 오늘 아이의 상태는 나의 맘처럼 엉망진창이다. 젓가락질도 서툴고 연필 잡는 법도 엉망이다. 모든 것이 엉망진창인 것 같다. 다 내팽개치고 싶다. 내려놓고 싶다. 엄마로서 역할을 잘하고 있는 건지 앞으로 잘 할 수 있을지 모르겠다.

# 엄마 노트

### - 마음을 가만히 살펴보세요.

"죽을 만큼 아프면서 아이를 낳았고 내 생활도 일도 꿈도 내 인생 나 자신을 전부 포기하고 아이를 키웠어. 그랬더니 벌레가 됐어. 난 이제 어떻게 해야 돼?"

소설 《82년생 김지영》(조남주, 민음사)에 나오는 대사입니다. 10개월이라는 긴 임신 기간 동안 입덧과 잘 싸워냈습니다. 퉁퉁 붓는 손과 발로 먹는 일, 화장실 다녀오는 일조차 쉽지 않은 임신 기간을 그럭저럭 잘 버텨왔습니다. 곧 만날 아이를 향한 엄마로서의 행복한 기대가 있었기 때문이지요. 그런데 마냥 행복하고 가슴 설레고 구름 위를 둥둥 떠다니는 기분일 것만 같았던 아이와의 만남, 그리고 그 후로 이어진 일상은 기대와 매우 달랐습니다. 애쓰고 노력해도 누구 하나 알아주는 사람이 없습니다. 내 노력이 속물 엄마, 욕망덩어리 엄마라는 이름으로 내동댕이쳐지는 것 같습니다. 모든 것이 스트레스입니다. 다 놓고 싶은 지경입니다.

우울증은 '마음의 감기'라고도 불립니다. 일시적으로 기분만 저하된 상태에서 더 나아가 사고과정, 동기, 의욕, 관심, 행동, 수면, 신체 활동, 전반적인 정신 기능이 저하되지요. 불면증이나 수면 장애, 무기력감, 죄책감, 체중 변화 등이 주요 증상입니다. 현재의 우울감을 극복하기 위해 이전에 사용한 방법들이 더 의미 있게 작동하지 않는 상태에 이르렀다면 우울증을 의심해볼 필요가 있습니다.

산후 우울증은 출산 후 85%에 달하는 여성들이 일시적으로 경험한다고 합니다. 산후 4주를 전후로 발병하고 3~6개월 후면 증상들이 호전됩니다. 출산 전후 급격한 호르몬 변화와 육아로 인한 피로, 수면 장애, 스트레스, 걱정, 부담감 등이 우울증의 원인이 된답니다. 치료와 휴식이 필요하지요.

육아는 퇴근이 없는 업무입니다. 늘 아이와 함께 있다 보면 화장실 갈 시간, 밥 먹을 시간조차 여유롭게 즐기지 못하는 일상이 이어집니다. 그러니 아이가 항상 예쁘고 사랑스럽게 보일 리 만무합니다. 엄마도 사람이니 짜증도 화도 납니다. 내가 노력한 만큼 성과가 나타나는 일터에서 성취감을 맛보던 여성이 노력한 만큼의 성과가 즉각적으로 나타나지 않는 육아에서 성취감과 만족감을 느끼기란 생각보다 쉽지 않습니다. 늘 엄마로서 자신의 모습에 죄책감과 부족함을 느끼게 마련입니다.

이러한 죄책감과 불만족은 마음을 힘들게 합니다. 아이를 보아도 즐거움이 없고 의욕이 없습니다. 이런 상황이라면 아이도 엄마와 같은 우울감을 느끼고 의욕이 저하될 수 있어요. 그렇기 때문에 엄마의 정서적 문제를 해결하는 것은 정서적으로 건강한 아이를 위한 첫걸음입니다. 내 마음이 편하고 여유 있어야 아이도 돌볼 수 있답니다.

아래는 한 지방의 보건소에서 제공하는 육아 우울증 자가 진단표입니다. 1~3개가 해당되면 주위에서 조금만 신경을 써주면 쉽게 풀어지는 수준입니다. 4~6개가 해당된다면 밖에서 여러 사람을 만나는 시간을 통해 충분히 개선될 수 있습니다. 7~10개가 해당된다면 상담을 통해 치료해보기를 권합니다.

• 육아 우울증 자가진단

☐ 사람들이 말을 걸 때마다 짜증이 난다.

☐ 남편이 말을 걸 때 신경질적으로 다가가게 된다.

☐ 남들이 말을 안 걸어주면 갑자기 눈물이 난다.

☐ 초조해지고 나 혼자 있는 느낌이 든다.

☐ 식사를 제대로 할 수 없고, 식욕이 떨어진다.

☐ 아이에게 자주 화풀이 하게 된다.

☐ 잠을 설치고, 불면증이 있다.

☐ 시간 관념이 불분명하다.

☐ 슬프고, 우울하고, 두렵다.

☐ 의욕이 안 생기고 모든 일에서 손을 떼고 싶다.

앞 항목 중 자신에게 해당하는 항목이 얼마나 있는지, 얼마나 오랫동안 지속하고 있는지를 점검해보세요. 나의 마음을 잘 살피고 보살피는 것은 행복한 육아를 위한 열쇠랍니다.

## 그림책 처방

《빨간 나무》(숀 탠 글·그림, 풀빛)는 절망 가득한 상황에 위로와 희망을 전하는 책이에요.

불행, 문제, 어둠이라는 글자가 쓰인 배를 탄 한 아이가 작은 빨간색 단풍잎 하나를 멍하니 쳐다봅니다. 확성기를 대고 세상에 이야기하지만 모든 말은 바닥으로 떨어집니다. 커다란 물고기 머리가 도심 한가운데서 눈물을 흘리고 있어요. 그러나 아무도 물고기에게 관심이 없어요. 세상은 차가운 기계 같아요. 기다리고 기다리지만 세상은 쉽게 달라지지 않아요. 아름다운 것들은 순간이고 끔찍한 것들은 피할 수 없어요. 무엇을 해야 할지 모르고 내가 누구인지 모르겠습니다. 늘 희망이 없는 것 같아요. 하지만 내 앞에 기다리고 있는 무언가를 발견합니다. 페이지마다 등장하는 빨간 단풍잎은 아이 인생에 무엇을 의미하는 걸까요?

**❶ 나를 바라보세요.**

《빨간 나무》에 등장하는 주인공은 우울과 무기력으로 똘똘 뭉쳐진 아이랍니다. 무척이나 힘들어보입니다. 그러나 이렇게 힘든 아이에게 누구도 관심이 없어요. 희한하게 큰 물고기가 도심 한가운데 나타난들 사람들은 관심을 두지 않아요. 아이는 무관심과 외로움에 살아갈 의미를 찾지 못합니다. 아이의 아픔을 나눌 사람이 아무도 보이지 않아요. 유리병 속에 들어 있는 아이의 모습을 그린 장면은 답답하고 힘든 아이의 마음을 그대로 표현합니다.

세상에 나 혼자뿐이라는 생각에 더 깊은 바닥으로 빠져들어만 갑니다. 아프고 힘든 순간만 기억날 뿐입니다. 나의 마음이 이러한가요? 바닥이 어디일지 짐작하기 어려울 정도로 내동댕이쳐진 느낌이 드나요? 그런 나의 모습이 보이나요? 그렇다면 아픈 마음과 힘든 상황을 바라보고 이렇게 생각해보세요. 어려움을 담는 그릇이 다른 사람보다 조금 작아서 힘든 거라고. 그리고 내 마음이 가는 길을 따라가 보세요.

❷ **내 주변에서 빨간 단풍잎을 찾아보세요.**

《빨간 나무》에는 페이지마다 빨간 단풍잎이 등장합니다. 단풍잎은 색을 잃지 않고 아이 곁을 맴돌아요. 눈여겨보지 않아 찾아내지 못했을 뿐, 내 주변 어딘가에 빨간 단풍잎, 즉 희망이 있습니다. 그 희망을 볼 수 있는 의지와 마음만 있다면 희망은 어디에든 피어납니다.

주변에서 빨간 단풍잎이 될 수 있는 것을 찾아보세요. 햇빛 찬란한 오후의 산책이 될 수도 나보다 어려운 환경에 있는 누군가를 돕는 자원봉사 활동이 될 수도 있어요. 규칙적인 식사와 운동, 달콤한 디저트, 포근한 수면일 수도 있습니다.

❸ **나에게 힘을 줄 수 있는 자원을 찾아보세요.**

심리적 지지대가 필요한 순간이 있습니다. 가족이든 친구든 놀이터에서 우연히 만난 아이 친구 엄마든 누구든 좋습니다. 내 마음을 꺼내 보일 수 있는 누군가를 만나보세요. 육아의 어려움, 스트레스, 지친 마음을 풀어놓고 위로를 나누어보세요. 그렇게 우리는 쓰러졌다 일어서기를 반복합니다. 그러면서 엄마는 힘 있게 뻗어나가는 경험을 합니다. 여린 가지가 힘차게 뻗어나가려면 중간중간 더 단단한 지지대가 필요할 때가 있습니다. 지지대는 여린 가지가 원래 자랄 수 있는 정도를 넘어 더 단단하게 커가도록 돕습니다.

**함께 읽으면 좋은 그림책**

《굿바이 블랙독》 매튜 존스톤 글·그림 | 생각속의집

《마음이 아플까봐》 올리버 제퍼스 글·그림 | 아름다운사람들

《어느 우울한 날 마이클이 찾아왔다》 전미화 글·그림 | 웅진주니어

## 7장

# 나는 전업 맘이다

## 초라한 날의 엄마 일기

나는 전업 맘이다. 이러저러한 이유로 잘 다니던 직장을 그 만두고 육아와 살림에 전념하고 있다. 흔들릴 때마다 내 결정에 문제가 없었음을 확인할 수 있는 주변의 사인과 교훈은 충분했 다. 후회는 없었다. 그런데 요즘 점점 마음이 힘들다. 확고한 결 정이었고 만족스러운 시간을 보내고 있다고 생각했는데, 나와 비슷한 커리어를 갖고 있던 친구들이 회사 중역으로 승진하고 높은 연봉을 자랑하는 것을 볼 때면 내 자리가 한없이 초라함을 느낀다. 남편이 벌어다주는 돈만 써대는 생각 없는 아줌마, 그 이름이 사회에서 규정하는 엄마의 별칭이라 생각하니 슬프다. 시간을 다시 되돌린다면 나는 어떤 결정을 할까 잠시 생각에 잠겨본다.

## 엄마 노트
### - 엄마라는 이름의 가치

아이가 한바탕 어질러놓은 집안 구석을 정리하고 먹다 남긴 밥을 주섬주섬 먹어치웁니다. 매일 종종거리며 바쁘게 지내는 것 같은데 성취감도 만족감도 느끼기 쉽지 않습니다. 나의 시간은 생산이 아닌 소비재인 것 같은 마음이 듭니다. 제대로 씻지도 꾸미지도 못하는 내 모습이 처량해 서글픈 마음마저 들어요. 똑같은 일상이 싫고 경제적 능력이 고갈되어 가는 것 같은 현실에 스스로 한심하다 여겨지는 날들이 이어집니다.

일과 육아, 선택의 갈림길에서 전업 맘으로 살기로 결정한 엄마의 마음에 아쉬움이 없다면 거짓말일 거예요. 엄마가 아닌 '나'라는 존재에 대한 가치를 확인하고 싶은 마음이 들 때면 주체하기 힘든 마음의 동요가 몰아칩니다. 영양가 풍부한 가족의 끼니를 고민하고 그들에게 정서적인 안정감을 제공하며 가정을 살뜰히 돌보는 역할을 하는 것이 나에게 어떤 의미를 주는 것인지 고민스러울 때가 있습니다. 주부의 경제적 가치를 인정하는 사회적 분위기가 형성되어 있다고는 하나 마음 한구석에서 나의 가치를 찾기 위한 몸부림이 있습니다.

전업 맘이 되고 나니 생각보다 엄마로서 해야 할 것과 잘해야 할 것들이 선명하게 보입니다. 아이의 성과가 엄마의 희생을 기반으로 한 성과물이라 생각하는 현실, 교육학적 지식이 없어도 자식을 명문대에 보내면 교육 컨설턴트로 당당히 자리매김하는 엄마를 바라보면서 느껴지는 엄마라는 자리의 무게감이 있습니다. 전업 맘의 어깨는 오늘도 무겁습니다.

On과 Off의 경계가 모호한 전업 맘의 루틴 속에서 퇴근이 없는 일상은 쉽지 않아요. 경제 활동을 하지 않는 것을 두고 집에서 논다고 표현하는 것에 대해 스스로 반박하지 못하는 자신의 모습을 보며 자존감은 더욱 낮아집니다. 성과를 입증해내기 어렵고 인정받기 어렵습니다.

엄마는 성과를 보여주어야 하는 직업이 아닙니다. 존재만으로도 충분히 의미 있고 생산성 있는 일임을 알아야 해요. 자신의 가치를 스스로 깎아내리지 않는 것부터 시작입니다. 엄마로서 자신의 존재에 의미를 부여하고 과정 가운데 즐거움을 느낀다면 조금 불편했던 마음이 정리될 것입니다.

## 그림책 처방

《엄마 도감》(권정민 글·그림, 웅진주니어)은 갓 태어난 아이의 시선에서 엄마를 관찰한 기록을 모은 그림책이에요. 아이의 탄생이 아닌 엄마의 탄생, 그 경이로운 기록이 담겨 있습니다.

"엄마가 태어났습니다. 나와 함께."

아이가 바라보는 엄마의 모습은 어떨까요? 머리카락은 여기저기 삐죽삐죽 튀어나와 있고 목이 다 늘어난 티셔츠와 무릎이 한껏 튀어나온 수면 바지를 입고 있어요. 내가 울면 엄마는 초스피드로 달려와 나에게 온갖 질문을 퍼붓습니다. 엄마가 갓난아이를 돌볼 때 낯선 것투성이듯 아이에게도 엄마의 행동 하나하나가 낯설고 때론 당황스러울 수 있겠어요. 갓난아이가 바라본 갓난 엄마의 다양한 모습이 생생하게 담긴 책이 주는 위로는 특별합니다.

❶ 아이가 기억하는 엄마, 존재 자체로 의미 있어요.

엄마가 되면 많은 것이 달라지지요. 엄마 자신에게 집중했던 모든 에너지가 아이에게로 옮겨갑니다. 출산 후 나타나는 신체적·정신적 변화로 인해 도대체 정신을 차릴 수가 없습니다. 그렇게 몇 년을 아이와 뒹굴며 지내고 나니 애 키우는 엄마라는 현재 모습이 퍽 마음에 드는 건 아닙니다.

하지만 아이를 키우는 '일'을 통해 엄마가 경험하고 성장하는 부분이 분명 존재합니다. 그 과정에서 전업 맘만이 느끼고 생각하고 깨닫는 지점이 있어요. 경제력을 지니는 대신 선택한 아이를 키우는 일에 전념한 그 시간이 선물처럼 느껴지는 날이 있을 거예요. 생명을 키우고 돌보는 일입니다. 그 빛나는 가치를 스스로 인정하고 격려해주세요.

❷ 전업 맘도 워킹 맘이에요.

아직 엄마 손이 많이 필요한 어린아이를 키우는 엄마가 할 일은 끝이 없습니다. 이 일을 누군가에게 맡긴다는 것도 마음이 그리 편하지 않지요. 그렇다면 그 시간을 최대한 즐기도록 생각을 바꿔보면 어떨까요. 육아를 훌륭히 해낸 선배 엄마의 그림자를 따라가 보는 건 어떨까요. 그리고 내가 할 수 있는 일들이 있다면 관련 분야를 공부해보세요. 그리고 나와 같은 길을 가고 있는 주변 엄마들과 후배 엄마들에게 그 경험을 나누어줄 수 있을 만큼 경험을 축적해보세요. 누군가 나의 경험담을 귀 기울여 듣고 싶은 상황이 찾아올 수 있답니다.

육아에만 전념해야 하는 시간은 그리 길지 않아요. 보통 10

년이면 어느 정도 아이가 스스로 할 수 있는 시기가 찾아옵니다. 아이의 독립을 응원하고 자립할 수 있도록 지지하고 도와주고 있다면 엄마의 독립 이후 인생에 대해서도 고민해보세요. 그 고민은 바로 지금 이 시각 내가 하는 일에서 시작될 수도 있습니다. 경제적인 수입과 꼭 연관 짓지 않더라도 나의 경험은 어디에선가 빛을 발할 수 있답니다.

**❸ 혼자만의 시간이 필요해요.**

2017년 칼데콧 아너상 수상작《날 좀 그냥 내버려 둬》(베라 브로스골 글·그림, 미래엔아이세움)의 주인공 할머니는 스웨터를 짜고 싶은데 뜨개질을 방해하는 아이들 때문에 가출을 시도합니다. 하지만 가는 곳마다 할머니를 귀찮게 하는 존재가 등장하지요. 가까스로 찾은 웜홀은 뜨개질을 성공적으로 마무리할 수 있도록 돕는 공간이었습니다. 만족스럽게 뜨개질을 마치고 아무 일 없었다는 듯 다시 집으로 돌아오는 할머니. 그 할머니를 반겨주는 아이들, 모두 행복한 미소를 짓습니다.

엄마는, 특히 전업 엄마는 아이와 떨어져 지내는 시간을 갖는 것에 죄책감을 느끼기 쉽습니다. 쉬지 않고 돌아가는 기계는 쇳소리가 나거나 고장나기 마련입니다. 기름칠하고 정비할 시간이 필요합니다. 휴식이란 하던 일을 잠깐 멈추고 쉰다는 의미입니다. 휴식이 필요하다는 말은 그만큼 열심히 일했다는 의미입니다. 열심히 가정을 돌본 엄마의 휴식은 그만큼 달콤하고 행복할 테니, 잠깐 쉬어가도 좋습니다.

## 함께 읽으면 좋은 그림책

《L부인과의 인터뷰》 홍지혜 글·그림 | 엣눈북스

《엄마가 달려갈게!》 김영진 글·그림 | 길벗어린이

《날 좀 그냥 내버려 둬!》 베라 브로스골 글·그림 | 미래엔아이세움

## 8장

# 아빠가 달라진다,
# 아이가 달라진다

## 육아를 잘 하고픈 아빠 일기

아빠 육아, 아빠 효과라는 말을 제법 자주 듣게 된다. 아빠가 아이를 키우며 일상을 공유하는 유튜브 채널과 블로그 글들을 접하는 것이 낯설지 않다. 아빠가 육아를 하는 일이 전통적인 관점에서 보면 매우 낯설고, 기대하지 않은 모습이었지만 요즘 주변을 보면 그렇지 않은 것 같다. 내 또래 아빠들을 보면 아이와 잘 놀아주고 육아에 대한 공부도 많이 하는 것 같다. 육아는 엄마의 영역이라고만 생각하기에는 사회가 많이 바뀌었고 시대도 바뀌었다. 나도 좀 더 육아에 적극적으로 참여하고 아내와

교육에 관한 이야기도 많이 하려고 한다. 아내와 이야기하다가 다양한 학원 정보를 듣게 되었다. 아이에게 도움이 된다고 하는데 늘 비용이 문제다. 아빠로서 다 해주면 좋겠지만 그러지 못하는 현실에서 좀 더 지혜롭고 똑똑하게 육아를 하고 싶다.

## 아빠 노트

- 잘하지 않아도, 좋아하는 걸 함께하는 걸로 충분해요.

분만을 앞둔 아내 옆에 있는 아빠의 뇌파를 측정하는 실험을 해봤는데 결과가 흥미로웠다고 해요. 아빠에게 "아이가 태어났습니다"라고 하자 아빠 뇌에서는 세타파가 급격히 증가하고 전두엽 알파파가 급격히 감소했습니다. 세타파는 기쁨을 느끼게 하는 파장이고 전두엽에 있는 알파파가 저하되었다는 것은 정신적 혼란 상태에 빠졌다는 것을 의미합니다. 아이가 태어나 행복하고 기쁘지만 한편으로 이 아이를 앞으로 책임지고 돌봐야 하는 책임감 때문에 정신적 혼란 상태에 빠진다는 것이죠.

제 남편은 첫 아이를 낳은 후부터 지금까지 쭉 그런 상태에 있는 것 같아요. 대표적인 증상이 불면증입니다. 아기가 어렸을 때는 2시간마다 일어나서 수유하느라, 그 이후로 5년간은 아이가 자다가 돌연사할까 봐 수시로 깨서 아이 숨소리를 확인하느라 통잠을 못 잤답니다. 그리고 무엇보다 가장 큰 이유는 가족의 생계를 책임져야 하는 가장으로서의 부담감이 그를 잠 못 들게 한 것 같습니다.

아내에게 티는 안 내지만 남편은 가장으로서 부담감을 많이 느끼고 있습니다. 일단 육체적으로 아주 힘들지요. 퇴근 후 집에 돌아오면 몸도 마음도 많이 지친 상태입니다. 아내를 도와주기 위해 이것저것 하다 보면 체력적으로 예민해집니다. 주말은 주말대로 아이들과 놀아주다 보니 보통 힘든 것이 아닙니다.

신체적인 에너지 소모뿐 아니라 실제 고민할 것도 많아요. 좀 더 능력 있고 안정적인 아빠가 되기 위해 고민합니다. 직장에서 받는 말 못 할 스트레스에 매몰되지 않기 위해 집으로 돌아오는 차 안에서, 현관 앞에서 주문을 외웁니다. "나는 잘하고 있다." 이 주문은 또 하루를 살아갈 힘과 에너지가 되어주지요.

아직까지 대부분 가정에서 육아는 엄마의 몫인 경우가 많습니다. 더 많은 시간을 할애할 뿐 아니라 많은 것을 선택하고 책임지고 고민하지요. 그래서 아이들은 아빠가 아닌 엄마에게 많은 것을 물어보고 허락을 구한답니다. 그러다 보면 아빠는 뒷전인 경우가 많습니다. 오래전 한 예능 프로그램에서 초등학생이 쓴 동시 한 편이 공개되어 화제가 되었는데요. "아빠는 왜 있는지 모르겠다"로 끝나는 시입니다. 앞서 엄마, 냉장고, 강아지가 있어 좋은 점을 쓴 후에 나오는 구절입니다. 우리 가정에서 아빠의 역할과 위치에 대해 생각해보게 됩니다.

아빠의 정성과 관심에 따라 아이의 사회성, 언어 능력, 인지 능력, 안정감 등 다양한 면에서 차이를 보인다는 연구 결과는 이제 새로울 것이 없습니다. 아이가 아빠를 간절히 필요로 하는 시기는 그리 길지 않습니다. 바로 지금 이 순간입니다.

## 그림책 처방

《아빠와 아들》(고대영 글·한상언 그림, 길벗어린이)은 뭐든 마음대로 하는 것 같아 보이는 아빠가 되는 것이 꿈인 아들과, 서로 으르렁대다가도 한통속이 되어 엄마를 골탕 먹이며 장난치는 아빠의 이야기예요.

아들의 장래 희망은 늦게까지 잠을 자도 컴퓨터 게임을 질리게 해도 누가 뭐라고 하지 않는 아빠랍니다. 아빠가 정말 부럽습니다. 저녁을 먹고 난 늦은 밤, 라면이 먹고 싶다고 엄마에게 말하지만, 엄마는 들어주지 않아요. 하지만 아빠는 아들과 함께 신나게 라면을 끓여 호록 맛있게 먹습니다. 수학 문제집을 다 풀면 게임을 하게 해준다는 엄마 말에 아들은 답지를 베낍니다. 아빠는 이를 알지만 넘어가 주네요. 진짜 친구같이 내 마음을 잘 알아주고 내 편이 되어주는 아빠가 있어 아들은 오늘도 꿈을 꿉니다. 아빠가 되는 꿈을요.

### ❶ '슈퍼 대디'가 되려고 애쓰지 않아도 괜찮아요.

많은 아빠가 아이에게 믿음직스럽고 듬직하고 든든하고 묵묵하고 뭐든지 다 할 수 있는 버팀목 같은 사람이어야 한다고 생각합니다. 모든 아버지가 생각하는 바람직한 모습이 바로 그런 모습이지요. 아빠가 된 지금 나는 아이에게 어떤 아빠가 돼줄지 고민하기도 전에 자신을 완벽한 프레임 안에 가두고 힘들어하고 있지는 않나요?

《아빠와 아들》에 나오는 아빠는 표지에서부터 아들과 매우 친근한 사이인 듯 보입니다. 아들과 함께 라면을 끓여놓고 땀을 뻘뻘 흘리는 장면을 엄마가 봤다면 무시무시한 잔소리가 나오지 않을 수 없는 장면입니다. 둘만의 비밀을 공유하고 있는 듯한 아빠와 아들의 모습이 좋아보입니다. 아빠와 아이가 친했으면 좋겠습니다. 무엇보다 그것이 먼저였으면 합니다. 아빠가 아이와 눈 맞추는 시간이 좀 더 길었으면 좋겠어요. 아이보다 먼

저 걸어가 위험한 것을 치워주는 슈퍼맨만이 좋은 아빠의 전형
은 아니라는 것을 알았으면 좋겠어요. 아이와 보폭을 맞추고 아
이 눈높이에서 주변을 둘러보고 함께 느끼고 함께 나누면 좋겠
습니다.

❷ 살아가는 모습으로 가르쳐주세요.

우리는 인생을 살아가면서 시기마다 배우고 익혀야 할 것이
참 많습니다. 위험으로부터 자신을 지킬 수 있는 신체적인 능
력, 건강하고 안전한 생활을 위한 능력, 인지 능력, 사회성, 도덕
성, 언어 능력, 기본생활 습관 등 다양한 방면에서 조화로운 사
람이 되기를 바라지요. 그래서 한 인간이 건강한 성인으로 성장
해 나가는 과정에서 부모는 살피고 알려주어야 할 것들이 참 많
습니다.

시나리오 작가 클라렌스 버딩톤 켈런드는 "나의 아버지는 나
에게 어떻게 살아야 하는지에 대해서 말해주지 않았다. 그냥 그
가 살아가는 모습을 보여줬을 뿐이다"라는 말을 남겼습니다.
아빠로서 나의 삶을 돌아보세요. 평상시 화나면 아내에게 짜증
내고 소리 지르면서 아이에게 화날 때 소리 지르고 떼쓰지 말라
고 하진 않나요? 나의 삶이 곧 교훈입니다. 말보다 뒷모습에 신
경 써보세요. 아이는 커갈수록 아빠의 뒷모습에 감동하고 자신

을 비춰보는 거울로 삼을 것입니다.

### ❸ 아빠의 무기, 하나쯤은 만들자.

아빠들에게 제안하고 싶은 것이 있어요. 아빠만이 할 수 있는 것, 아이들이 아빠를 찾을 수밖에 없는 단 하나의 무기를 갈고 닦아보세요. 아빠는 돈만 벌어오는 기계가 아니에요. 가족의 일원으로서 아이와 긴밀하게 교감하고 정서를 나누며 고민을 나눌 수 있는 누구보다 든든한 존재여야 합니다. 이를 위해 아빠의 영역을 만들고 지켜가야 한다고 생각해요. 모든 육아를 책임지라는 의미도 모든 부분에서 잘하라는 말이 아닙니다. 육아의 모든 걸 아내에게 맡겨둘 일이 아니라는 것을 기억하고 실천하면 좋겠습니다.

활동적인 아빠라면 캠핑이나 여행을 다니면서 아이에게 자연을 보여주고 새로운 세계로 안내하는 친절한 가이드가 되어주면 좋겠어요. 책을 좋아하는 아빠라면 일주일에 며칠 시간을 내어 책을 읽어주고 아이와 속 깊은 이야기를 나누면 좋겠습니다. 몸 놀이에 자신 있는 아빠라면 아이가 땀을 흠뻑 흘리고 숨이 넘어갈 정도로 깔깔거리며 웃을 수 있는 시간을 준비해보세요. 긴 시간일 필요는 없답니다. 마음을 다했는지가 중요합니다.

**함께 읽으면 좋은 그림책**

《코끼리 아저씨와 100개의 물방울》 노인경 그림 | 문학동네

《으르렁 아빠》 알랭 세레 글·브뤼노 에이츠 그림 | 그림책공작소

《초강력 아빠 팬티》 타이-마르크 르탄 글·바루 그림 | 아름다운사람들

## 9장

# 정인이 사건,
# 우리의 체벌

## 아이를 때린 날의 엄마 일기

아이가 아침부터 기분이 좋지 않았는지 동생을 발로 차고 소리를 지른다. 이렇게 자기 기분을 조절하지 못하고 동생에게 화풀이하는 모습을 보면 나도 참을 수 없이 화가 난다. 그래서 오늘은 제대로 훈육을 하려고 생각하고 아이 엉덩이를 찰싹 때려주었다. 아이가 화들짝 놀라 더 크게 울고 소리를 질러댄다. 무섭고 엄하게 하는 것이 아이의 행동을 교정하는 방법이라고 생각하지만 아이의 행동은 달라지지 않는다. 내 목소리는 점점 더 커지고 더 무섭게 협박을 해야만 말을 듣는 상황이 온 것 같다.

아이가 클수록 더 많은 갈등 상황이 생길 텐데 그때마다 어떻게 아이를 훈육해야 할지 고민이다.

## 엄마 노트

### - 체벌, 훈육에 도움이 안 될까요?

'정인이 사건'과 같은 아동학대 사건들을 계기로 21년 1월 8일 민법 915조 "친권자는 그 자녀를 보호 또는 교양하는 데 필요한 징계를 할 수 있다"라는 징계권 조항이 삭제되었습니다. 앞으로는 어떠한 이유에서든 부모의 체벌이 원칙적으로 금지되고 자녀가 학대를 이유로 부모를 고소하면 친권자라도 처벌받을 수 있게 되었습니다.

체벌의 필요성에 대한 조사 결과를 소개하자면 아이를 훈육하는 과정에서 체벌이 필요한 상황이 생길 수 있다는 응답이 58%를 넘습니다. 적절한 체벌은 아이를 가르치는 데 효과적인 방법이라는 주장에 대해 64%가 동의하고 아이가 잘못할 때는 때려서라도 가르쳐야 한다(52%)고 대답해 체벌의 효과와 필요성에 동의하는 비율이 높은 편이라 할 수 있습니다.

아동학대의 심각성에 대해서는 인지하면서도 자신의 자녀

에게 가하는 신체적·정신적 체벌에 대해서는 호의적인 편이죠. 특히 체벌을 받은 경험이 있는 사람이 체벌에 관대한 경향을 나타냅니다. "매를 아끼면 자녀를 망친다." "예쁜 자식에게 매를 들고, 미운 자식에게 밥을 줘라" 등 예로부터 전해오던 말들은 체벌의 효용성과 정당성을 지지합니다. 이는 '체벌의 대물림'을 드러내는 예라고 할 수 있답니다.

그렇다면 '훈육'과 '학대'는 어떻게 구분할까요? 아이 행동 교정을 위한 목적의 정당성 외에는 이를 구분 짓는 명확한 잣대는 없습니다. 자녀가 바르게 성장하도록 돕는 과정에서 큰소리를 내기도 합니다. "한 번만 더 같은 행동을 반복하면 혼내겠다"고 엄포를 놓기도 합니다. 이는 아이의 행동이 엇나가는 것을 막기 위한 교정 행위라 해석합니다.

체벌이 자녀 교육에 도움이 되는지 그렇지 않은지에 대한 문제는 꾸준히 논란이 되고 있습니다. 가정 내 자녀의 체벌을 법적으로 금지하는 것은 세계적인 추세입니다. 1979년 스웨덴을 시작으로 핀란드, 뉴질랜드, 몽골 등 61개국이 가정 내 체벌을 금지했지요. 우리나라는 전 세계에서 62번째 체벌 금지국이 되었습니다.

체벌이 주는 교정 효과는 단기적으로 볼 때 굉장히 매력적인 면이 있어요. 하지만 문제는 체벌을 통한 행동 교정은 일시적이라는 점입니다. 또 체벌하는 과정에서 합리적이고 이성적인 사고를 하기 어렵다는 점을 고려해야 합니다. 체벌하는 부모는 점점 감정에 휩쓸리기 쉽습니다. 그 결과 자녀에게나 부모에게나 지우지 못할 상처만 남기는 경우가 많습니다.

연구 결과에 따르면 손바닥으로 엉덩이나 팔다리를 때리는 정도의 가벼운 체벌도 아이들의 공격성을 높이고 인지장애 등 부정적 행동을 초래한다고 전합니다. 텍사스대학교 연구진은 신체적 체벌은 아동의 발달과 복지에 해로우며 체벌이 아동에게 도움이 된다는 과학적 증거는 없다고 발표했습니다.

## 그림책 처방

《혼나지 않게 해 주세요》(구스노키 시게노리 글·이시아 기요 타카 그림, 베틀북)는 매일 혼나는 아이의 속마음을 그린 그림책이 에요.

주인공은 엄마가 없을 때 자신에게 떼를 쓰는 동생이 정말 힘 겹습니다. 동생이 울면 엄마에게 혼이 나기 일쑤거든요. 동생 을 울렸다고, 숙제를 안 했다고 엄마는 폭풍같이 화를 냅니다.

집에서만 혼나는 게 아닙니다. 주인공은 학교에서도 혼이 납니다. 축구할 때 끼워주지 않는 친구들을 때렸는데, 선생님은 이유도 묻지 않고 또 주인공만 혼내십니다. "착하구나"라는 말을 듣고 싶은 주인공은 칠월 칠석 소원을 적는 날, 고민 끝에 "혼나지 안케 해주세요"라고 적어요. 선생님은 주인공의 소원을 보고 눈물을 흘립니다. 그리고 주인공의 엄마에게 전화를 하는데요. 과연 주인공은 소원대로 혼나지 않을 수 있을까요?

**❶ 잘하고 있는 일에 칭찬을 더해주세요.**

누구나 실수를 해요. 성인의 인생도 실수투성이인데 아이들은 오죽할까요. 잘하려고 이런저런 시도를 하다 보면 생각한 것과 다른 결과를 맛보기도 합니다. 잘하고 싶은 마음이 지나친 긴장감을 가져오고 그것은 또 다른 어그러진 결과를 가져오기도 합니다. 그 과정이 반복되다 보면 화도 나고 짜증도 납니다. 도돌이표 같은 아이의 시간입니다.

이 모든 과정을 함께하는 엄마의 마음은 폭풍우가 몰려오기 전 먹구름 잔뜩 낀 하늘과 같습니다. 몇 번을 참고 참았는데 똑같은 문제를 일으키다니 참을 수가 없습니다. 참다 참다 아이에게 한바탕 소리를 지르고 그것도 통하지 않으면 엉덩이를 팡팡

때려주기도 합니다. 이는 곧 진한 후회와 아쉬움을 몰고 옵니다. 이것이 엄마의 시간이지요.

체벌은 서로에게 상처를 남깁니다. 잊으려 해도 잘 잊히지 않아요. 아이를 위해서 한 행동이라고 하지만 결국 어떤 교육적 의미도 없이 지우고 싶은 부정적 감정만 남기는 일이라면 빨리 멈춰야 해요. 아이의 부족한 점이 보일 때 아이 스스로 자신이 성장해나가는 과정을 볼 수 있도록 여유를 가지고 지켜봐주세요. 그리고 격려하고 싶은 행동에 대해서는 주저 없이 인정하고 박수를 보내세요. 나무가 해를 향해 나무 둥치를 사정없이 내어 맡기고 따라가듯 아이의 몸과 마음에 지니기를 바라는 아름다운 모습이 있다면 이를 마음에 새기도록 아이 마음에 신선한 물을 주세요. 거센 바람으로는 한계가 있으니 빛으로 유인해보세요.

> 내가 이제까지 관찰한 바,
> 매의 효과는 그저 사내아이들을 겁쟁이로 만들거나
> 고집불통으로 만드는 것뿐,
> 나는 그 이외의 효과를 본 적이 결코 없다.
>
> ● 몽테뉴

**❷ 스스로 문제 행동에 대해 생각해볼 기회를 주세요.**

체벌 혹은 좋아하는 것을 하지 못하게 하는 등의 훈육법으로는 문제 행동을 수정하기 어렵습니다. 왜냐하면 처벌이 주는 고통과 두려움을 피하고자 잠시 행동을 교정하는 것일 뿐 문제 행동 자체에 대한 문제의식을 느끼고 수정하는 것이 아니기 때문입니다.

반면 강한 처벌이 아닌 잠시 눈 감고 자신이 잘못한 일 생각해보기, 잘못한 것을 그림이나 글로 표현해보기와 같이 약한 처벌을 받은 상황에서는 '생각'을 하게 되지요. 동생을 괴롭혀서 약한 처벌을 받은 아이의 경우, 자신이 동생을 왜 때렸는지 그 이유를 내면에서 찾으려 합니다. 내적 정당성을 찾으려고 시도하게 되지요. "나는 원래 때리는 것을 좋아하는 사람이 아니야"와 같이 자신의 행동에서 이유를 찾으려는 것입니다. 그 과정에서 강한 내면화가 이루어집니다. 강한 처벌이 의미 있는 행동 변화를 일으키지 못하는 심리 메커니즘을 알아야 합니다.

**❸ 존중을 담아 상황을 설명하고 이해시켜주세요.**

캘리포니아 훔볼트 주립대학교 사회학 교수 새뮤얼 올리너와 펄 올리너 부부는 유대인 대학살 당시 유대인을 구해준 비유대인에 관해 평생 연구했습니다. 유대인을 구해준 사람들의 한 가지 뚜렷한 차이점은 부모가 '잘못된 행동을 꾸짖는 방법'이었어요. 유대인을 구해준 사람들의 부모는 아이를 훈육할 때 '존중을 담은 설명'의 방법을 사용했답니다. 벌을 주거나 감정적으로 꾸짖는 방법을 사용하지 않았던 것이죠.

"동생 장난감 또 빼앗았니? 왜 하지 말라는 것만 골라서 하는 거야? 너 계속 못된 짓만 골라서 할 거야?" 이런 식으로 아이의 인격을 들먹이고 화난 엄마의 감정을 쏟아붓는 식의 훈계는 아이의 마음을 움직이기 어렵다는 것입니다.

"동생 장난감을 갖고 놀고 싶었구나. 그런데 그렇게 힘으로 뺏어버리면 동생은 아주 속상하고 화가 날 거야. 동생도 나중에 힘이 세지면 네 물건을 함부로 가지고 가버리고 더 크게 싸움이 될 것 같아 걱정되네. 앞으로는 동생에게 먼저 물어보고 사용하면 좋겠다." 이렇게 상황을 아이가 이해할 수 있도록 설명해주고 그에 따른 결과를 알려주는 것이 좋습니다. 이 과정에서 아이는 문제 행동을 인식하고 스스로 해결해나갈 방법을 생각할 수 있답니다.

## 함께 읽으면 좋은 그림책

《혼나기 싫어요!》 김세실 글·폴린 코미스 그림 | 나무말미

《잘 혼나는 방법》 수전 이디 글·로잘랜드 보네 그림 | 풀과바람

《안 돼, 데이비드!》 데이비드 섀넌 글·그림 | 주니어김영사

## 10장

# 부부,
# 아이와 함께 자라다

## 서운한 날의 엄마 일기

하루가 순식간에 지나간다. 회사에서 힘들게 일하고 집에 돌아와 아이 챙기고 집안일 하다 보면 어느새 어둑어둑하다. 그리고 어느새 주말이다. 주말엔 좀 쉬고 싶은데 남편은 부모님께 가봐야 한다며 아우성이다. 결혼하고 나니 세상에 둘도 없는 효자가 된 남편과 오늘도 한바탕 했다. 잠깐 가서 밥만 먹고 오자고 해서 나섰다가 하루해가 저물어갈 즈음 돌아오는 상황이 자주 벌어진다. 내 편이 아니라 '남의 편'이 확실하다. 남편과 언성을 높여 이야기할 때면 아이들도 분위기를 눈치채고 쪼르르 숨어버린다. 아이들 앞에서 이러면 안 되는 걸 알면서도 남편과 박자를 맞춰 사는 일이 참 쉽지 않다.


## 엄마 노트

### - 피로해지는 결혼 생활의 산을 넘는 법

결혼만 하면 행복한 나날이 이어질 것만 같았습니다. 행복한 가정을 위해 서로 헌신하고 배려하기를 약속했지만, 현실은 생각과 다르게 펼쳐지는 경우가 허다하지요. 자녀가 태어나고 나면 상황은 더 악화되어 수습이 어려워지기도 합니다. 삶의 주인공이 자녀로 바뀌면서 더 많은 책임감과 할 일들이 쌓이기 시작합니다. 처리 불능 상태에 이른 것 같기도 합니다.

법원 행정처와 통계청의 최근 5년간 이혼통계자료에 따르면 명절 직후 이혼 건수가 명절 직전 달보다 평균 11.5%나 높았다고 합니다. 이 수치만을 놓고 보면 이혼에 이르는 결정적인 원인이 고부 갈등이나 장서 갈등 때문이라 생각할 수 있지만 실은 그렇지 않습니다. 평소 부부관계가 원만했다면 명절 스트레스 정도야 이해하고 넘어갈 수 있겠지요. 상대방에 대한 누적된 감정의 골이 명절이라는 산을 넘지 못하게 만드는 것일 가능성이 큽니다.

좋은 엄마, 좋은 아빠가 되기를 누구나 희망하지요. 더 완벽한 부모가 되기 위해 고민하고 생각합니다. 그리고 아이를 키우기 위해 부모는 최상의 합을 맞추려고 노력합니다. 그 과정에서 우리는 불협화음을 내기도 하고 갈등 상황을 맞기도 합니다. 正(정)과 反(반)이 만나 合(합)에 이르는 자연의 섭리를 따르고 있는 자연스러운 모습입니다.

그런데 이 과정을 아이들이 모두 보고 있다는 점은 늘 신경이 쓰입니다. 험한 말과 고성에서 아이들은 불안과 공포 그리고 자신에 대한 죄책감을 느끼기도 합니다. 온 세상이 흔들리는 것과 같은 위협을 느낀답니다. 아이는 자신이 서 있는 자리가 불편하고 공포스럽기까지 합니다.

미국 로체스터대학교, 미네소타대학교, 노터데임대학교 공동 연구팀의 연구 결과, 부부가 전화로 싸우는 모습을 본 아이의 소변검사 결과 스트레스 수치가 높게 나타났습니다. 부모의 스트레스 지수가 높을수록 자녀들이 병에 걸릴 확률이 36%나 증가하는 것으로 나타났어요. 우울증에 걸릴 확률 또한 1.4배 높아지고 자기 아이를 학대할 확률이 5배나 높다고 말합니다.

행복을 꿈꾸었던 결혼 전 수많은 다짐과 기대가 현실로 이루어지지 않는 상황이 당혹스러울 수 있습니다. 하지만 정도의 차이만 있을 뿐 누구나 겪는 과정이랍니다. 자녀를 낳고 기르는 과정에서 심리적·신체적·경제적으로 압박을 받습니다. 결혼 전보다 더 많은 것을 해결하고 책임을 지는 과정에서 피로를 느낍니다.

인간의 감정과 동기를 설명하는 이론 중 하나가 대립 과정입니다. 어떤 감정이 사라지면 중간 상태로 돌아오는 것이 아니라 처음의 감정과 반대되는 감정이 발생한다는 것입니다. 이와 함께 감정의 크기도 비례합니다. 기대가 클수록 실망이 큰 것도, 애정이 컸다면 분노가 클 수밖에 없지요. 기대가 컸던 결혼 생활에 대한 이상이 현실화하는 과정에서 일어나는 불협화음과 갈등은 당연한 과정이며 넘어야 할 산입니다. 설탕처럼 달콤하기만 할 수 없답니다. 소금처럼 짭짤한 맛도 필요한 법이지요.

## 그림책 처방

《다르지만 틀리지 않아》(칼 노락 글·자우 그림, 책과콩나무)는 함께 사는 네 마리 미어캣이 사사건건 의견 충돌을 일으키는 이야기를 다루고 있어요. 특히 하늘을 보는 가장 좋은 방법을 두고 가장 크게 싸우는데요. 이들은 의견을 좁힐 수 있을까요?

잭, 짐, 조, 제리 네 마리 미어캣은 자신만의 생활 습관으로 티격태격합니다. 어떤 도마뱀의 색깔이 가장 멋진지, 어떤 풍뎅이가 가장 바삭바삭한지 이야기를 나누다 보면 늘 다툽니다. 그리고 하늘을 보는 가장 완벽한 방법을 이야기할 땐 더 심하게 다투어요. 각자의 생각이 다를 뿐 틀린 것이 아닌데 이들은 서로의 생각을 비난하네요. 그러다 하루는 독수리의 공격을 받고 생각이 바뀝니다. 서로 다른 방법으로 하늘을 바라본 덕분에 독수리의 공격으로부터 자신을 지켜낼 수 있었기 때문이지요. 독수리가 사라지자 그들은 입을 모아 말해요. 하늘이 정말 아름답다고! 타인의 생각을 인정하는 것이 상생을 위한 중요한 키워드임을 알게 된 것이지요.

❶ 서로가 아니면 누가 서로를 보듬겠어요.

미어캣은 서로 자기 생각이 더 옳다고 우겨댑니다. 다른 미어캣의 생각은 자기 생각보다 가치 없다고 여기며 무시합니다. 하지만 독수리의 공격을 통해 그들은 중요한 것을 알아갑니다. 다른 이의 사고방식, 생활 습관을 비난할 것이 아니라는 점입니다. 때로는 타인의 사고방식이 나의 삶에 의미 있고 무게감 있게 영향을 미칠 수 있답니다.

자녀를 키우다 보면 부부간에 의견이 안 맞을 수 있어요. 가사 분담이 불공평하다 느낄 수도, 배우자가 자신을 존중하지 않는다고 느낄 수도 있답니다. 서운하기도 합니다. 그러다 보면 감정싸움으로 이어지는 경우가 생기지요. 부부는 한배를 타고 항해하는 동지랍니다. 독수리 공격으로부터 네 마리 미어캣이 서로 의지가 되어주었듯이 부부는 그 누구보다 서로의 의견을 귀담아들어야 하고 아픔을 돌아보고 상대방의 생각에 환호해 주어야 하는 사이랍니다. 그것이 가족이 함께 살아가는 유일하고 지혜로운 길입니다.

**❷ 잘 싸워야 해요.**

부부치료사 최성애 박사는 "행복한 부부는 다양한 방법으로 서로에 대한 긍정적인 정서를 쌓아가지만, 불행한 부부는 공통으로 '비난, 방어, 경멸, 담 쌓기'라는 네 가지 방식을 통해 싸운다"라고 합니다. 우리 부부가 싸우는 방식을 살펴보세요. 감정적으로 대응하며 상대방 마음에 상처를 내고 내가 승기를 꽂아야 직성이 풀리는 싸움을 되풀이하고 있는지 돌아볼 필요가 있습니다.

싸우는 이유 중 하나는 더 잘해보려는 것입니다. 궁극적으로는 자녀를 잘 가르치기 위한, 우리 가정이 좀 더 조화롭고 행복한 시간을 공유하기 위한 조율 과정입니다. 그러려면 잘 싸워야 합니다. 감정보다는 이성적인 판단을 하도록 노력해야 하고 논리적으로 상황을 파악하려는 노력이 선행되어야 하지요. 진보를 위한 일보 후퇴도 상황에 따라 필요할 수 있음을 기억해야 합니다. 서로를 이기기 위한 싸움이 아니라 조율하기 위한 필수 불가결한 시간이 되도록 노력해야 합니다.

❸ 결혼은 명사가 아니라 동사입니다.

국립국어원 설문 조사에 따르면 배우자에게 듣고 싶은 말과 듣기 싫은 말 순위가 다음과 같습니다. 수고에 대한 감사(81.0%), 능력에 대한 칭찬(11.0%), 성격에 대한 칭찬(5.3%)은 상대방에게 듣고 싶은 말이죠. 다른 사람과 비교하는 말(29.0%), 경제 능력이나 가사 능력에 대한 불평(27.7%), 상대 집안에 대한 불평(27.0%)은 관계를 망치는 소모적인 언어입니다.

나의 작은 말 한마디와 실천이 따뜻하고 부드러운 부부관계를 만들어준다는 것을 잊지 마세요. 부부간의 따뜻한 움직임이 결국엔 아이의 정서를 만지고 가정을 안정감 있게 세워줍니다. 서로에게 '온기'이고 '삶의 이유'가 되어주세요. 부모 노릇은 독주가 아닌 협주랍니다.

## 함께 읽으면 좋은 그림책

《싸움에 관한 위대한 책》 다비드 칼리 글·세르주 블로크 그림 | 문학동네

《끼인 날》 김고은 글·그림 | 천개의바람

《아빠한텐 집이 너무 작아》 유리 슬레거스 글·그림 | 마리앤미

**No.1 프로이트(Sigmund Freud, 1856~1939년) 성격 발달 이론**

프로이트는 오스트리아의 정신과 의사이자 정신분석학의 창시자이다. 그는 성장 과정에서 쾌감을 추구하는 신체 부위의 변화에 따라 발달단계를 구분하였다. 이를 구강기, 항문기, 남근기, 잠재기, 성욕기로 나누는데 이는 심리 성적 발달 단계(psychosexual developmental stage)라고 한다.

**❶ 구강기 (0~1세)**
이 시기에는 물고 빨고 뱉고 깨무는 것과 같은 행위를 통해 만족감을 느낀다. 이런 행위를 통한 만족감이 충족되지 않으면 성인이 되어 흡연이나 음주, 지나친 낙천주의, 공격성, 파괴성 등을 보일 수 있다.

**❷ 항문기 (1~3세)**
대소변을 가리기 시작하는 만 1~ 3세 시기로 쾌감이 항문에 집중하는 시기이다. 배변을 참고 사회적으로 용인된 방법으로 훈련받는 과정에서 성취감과 긍정적 자아를 형성해 나간다. 이때 부모가 거칠고 억압적으로 배변훈련을 시키면 고집이 세고 인색하며 지나친 청결에 집착하는 면을 보이게 된다. 반대로 지나치게 관대해도 잔인하고 파괴적인 양상을 드러낸다.

**❸ 남근기 (3~6세)**
자신의 성기에 집중하는 시기로 아동은 이를 통해 쾌감을 느낀다. 이성의 부모에게 성적 관심을 느끼며 애정을 얻기 위해 노력하고 동성의 부모로부터 느끼는 불안감을 해소하기 위해 그들을 동일시해 나가기 시작한다. 남아는 남성다움, 여아는 여성스러움을 닮기 위해 노력한다.

**❹ 잠재기 (6~12세)**

지적 활동이나 운동, 친구와의 우정에 집중하는 시기로 성적 욕구는 잠재되었다고 볼 수 있다. 잠복기에 고착되면 열등감이 생기기 쉽고, 소극적 · 회피적 성향이 생길 수 있다.

**❺ 생식기 (12세 이후)**

잠재되었던 쾌락이 다시 성기로 집중하며 성적 에너지가 되살아나는 시기이다. 이러한 성적 충동은 운동, 독서와 같은 활동으로 승화되기도 한다. 또한 부모에게서 독립하려는 특징과 함께 자아정체성이 확립되어 간다.

**– 교육적 의미 –**

프로이트의 성격 발달 이론은 아동 초기 경험의 중요성을 논했다는 점에서 교육적 의미가 있다. 인생 초기의 정신적 상처에 대한 이해는 성인의 정신적 문제를 해결하기 위한 실마리가 된다는 점에서 유아기 경험이 얼마나 중요한 것인지 알 수 있게 한다. 인생 초기에 형성된 성격이 변하지 않는다는 부정적인 관점을 지니고 있어 많은 비판을 받지만, 인간 성격 형성에 대해 고찰할 기회를 준다는 점에서 여전히 유의미하다.

# Part 2

# 아이 마음을 읽어야
# 육아가 행복하다

## 1장

# 걱정 많고 소심한 아이

## 아이의 소극적인 성향이 걱정되는 날의 엄마 일기

옆집 아이가 미술 학원에 등록했다고 한다. 소근육 발달에도 좋고 자유롭게 자기표현을 할 수 있는 시간을 줄 수 있을 것 같아 아이에게 권유해보았다. 평소에 그림 그리는 것을 좋아하는 아이라 긍정적인 반응을 기대했으나 대답이 시원치 않다. "왜? 그림 그리는 거 좋아하잖아? 요리 시간 있는데 맛있는 것도 먹는대. 그리고 지훈이도 다닌다니까 같이 다니면 좋을 것 같아." 아이는 시큰둥하다. 새로운 것을 시도할 때면 늘 나타나는 풍경이다. 아이는 낯선 곳에 가서 낯선 사람과 시간을 보내는 것을 싫어한다. 걱정이 많고 앞으로 일어날 상황에 대해 불안해한다. 그냥 내버려두는 게 맞을까, 그래도 한 번씩 부딪혀보라고 하는 게 맞을까, 오늘도 고민이다.

## 엄마 노트
### – 걱정 많은 아이가 걱정이라면

하버드 심리학자 제롬 케이건은 유아 중 약 10~20%는 태어나면서부터 새로운 자극에 쉽게 흥분하고 불안해한다고 말합니다. 즉 불안하고 걱정이 많은 아이의 성향은 타고난 성격과 기질의 문제라는 것입니다. 그래서 조심히 다뤄야 하지요. 소심함과 싸워서 이겨내야겠다고 생각하는 순간 많은 것이 어그러지고 불균형을 가져올 수 있습니다.

하지만 소심한 아이를 지켜보는 일은 쉽지 않습니다. 걱정도 불안도 많고 쉽게 상처받는 아이가 과연 경쟁 사회에서 잘 살아갈 수 있을까, 생각하다 보면 답답합니다. 아이를 볼 때마다 '소심하고 걱정 많은 아이'라는 틀 밖에서는 생각하기 어렵습니다. 한숨이 폭 나오지요. 그러다 보면 아이를 좀 더 적극적이고 외향적인 성향으로 바꾸어나가는 데 집중하게 됩니다. 엄마는 이러한 성향과 싸울 준비를 하기도 하지요. 아이의 소심함이 문제라고 생각하고 개입하는 것입니다. 아직 준비가 안 된 아이를 새로운 환경으로 강하게 밀어넣는다든지 외향적이고 적극적인 아이와 비교하는 말을 하기도 합니다. 소심한 행동을 지적하고 똑같은 행동을 반복하지 않도록 강요하는 마음을 불쑥 표현하기도 합니다.

이러한 개입은 아이 마음에 큰 상처를 입힐 수밖에 없어요. 엄마도 많은 사람 앞에 나가서 이야기하는 것을 힘들어하면서 아이 등을 떠민다고 아이가 금방 수긍하고 변할까요? 3, 40년을 살아도 잘 바뀌지 않는 부분이 이제 태어난 지 고작 몇 년 되지 않은 아이들에게 쉬운 일일까요?

아이의 성향을 인정해주지 않으면 아이는 자신에 대해 긍정적으로 생각하기 어렵답니다. '나는 늘 부족하고 못난 아이'라는 생각에 갇힐 가능성이 큽니다. 의욕 상실입니다. 엄마가 말로 표현하지 않았다 해도 엄마 마음에서 하는 말을 아이는 온몸으로 느끼지요. 점점 목소리가 작아집니다. 자기 마음을 이해해주지 못하는 엄마를 두고 아이는 더 깊은 동굴로 들어갑니다. 아이가 더 깊은 동굴로 들어가기 전, 이 말을 기억해보세요. 책 《엄마 심리 수업》(윤우상 글, 심플라이프)에 나오는 말입니다. "지혜로운 엄마는 자기를 바꾸려 애쓰지만 어리석은 엄마는 아이를 바꾸려 애쓴다."

## 그림책 처방

《그 녀석, 걱정》(안단테 글·소복이 그림, 우주나무)은 시시때때로 찾아오는 걱정들에 대처하는 방법을 보여주는 책이에요.

걱정, 그 녀석이 주인공에게 왔습니다. 처음엔 좁쌀만큼 작았는데 점점 커지더니 야구공만 해지네요. 사람들은 저마다 다른 크기와 모양의 걱정을 이고 살아갑니다. 걱정을 떨쳐버리려고 이리저리 애쓰지만, 걱정은 쉽게 주인공을 떠나지 않아요. 걱정이에게 쫓아오지 말라고 하자 이렇게 말합니다. "네가 나를 불러왔잖아." "네가 나를 보내줘야 가지. 나를 보낼 수 있는 건 너뿐이야." 주인공은 걱정이와 걱정에 관해 이야기하고 해결방법을 나눕니다. 주인공의 걱정은 쉽게 해결이 될까요?

❶ 걱정거리, 무조건 피할 필요는 없어요.

걱정은 나를 힘들게도 하지만 걱정스러운 상황에 대한 고민은 우리를 성장시키기도 합니다.《그 녀석, 걱정》의 주인공은 자신의 걱정을 '걱정이'에게 이야기함으로써 문제를 해결해가는 시간을 경험합니다. 걱정은 나를 성장시키는 약이 되기도 합니다. 무조건 떨쳐야 하는 전염병 같은 것이 아니에요. 또 다른 형태의 걱정이 찾아올 때 단단해진 내면의 힘을 바탕으로 이겨낼 수 있게 도와주지요.

**❷ 걱정을 꺼내 이야기하는 시간을 정해보아요.**

걱정에는 경계가 없어요. 불쑥불쑥 나타나 괴롭히지요. 이럴 땐 아이와 '걱정시간'을 따로 정해두고 이 시간에만 걱정거리를 나누어보세요. 아이를 괴롭히는 온갖 걱정거리를 걱정시간에 집중해서 이야기하도록 약속을 해두고 그 이외 시간에는 조금 무심하게 내버려 두세요. 이렇게 하는 것만으로도 아이에게 안정감을 줄 수 있답니다.

그 가운데 아이는 기다리는 연습을 할 수 있어요. 걱정시간이 되면 "기다려줘서 고마워, 우리 걱정거리에 관해 이야기해볼까?"라고 말하며 아이의 인내심에 칭찬해주고 관심을 표현해주세요. 아이는 자신에게 관심을 두고 있는 부모에게 안정감을 느끼고 불안으로부터 조금씩 자유로워질 수 있답니다.

**❸ 빨강머리 앤을 떠올려보세요.**

《빨강머리 앤》은 출간된 지 100년도 넘은 책이에요. 하지만 여전히 매해 다양한 출판사에서 새로운 모습으로 독자를 만나고 있습니다. 그 이유는 앤이 전하는 긍정적인 삶의 메시지에 있다고 봅니다. 낙관성은 훈련으로 키울 수 있어요. 스트레스 속에서도 살아갈 힘을 갖게 하는 낙관적인 삶의 태도와 언어가 많은 부분 변화를 일으킨답니다.

"너 손을 안 씻으면 감기에 걸릴지도 몰라." "이 안 닦으면 이를 몽땅 뽑아야 할 거야"와 같은 부정적 표현보다는 "손을 씻으면 병에 덜 걸릴 거야." "이를 잘 닦으니까 이가 반짝거리고 냄새도 안 나서 참 좋다"와 같이 긍정적인 언어를 사용해보세요. 위협과 협박은 아이의 불안만 가중할 뿐 득이 되지 않습니다. 같은 상황을 보아도 잘한 점을 알아봐주는 것이 아이 자신에 대한 긍정적인 인식, 불안으로부터 이겨낼 수 있다는 자신감을 느끼도록 도와주는 것입니다.


**❹ 엄마가 괜찮아야 아이가 괜찮습니다.**

아이는 부모와의 안정적인 애착과 사랑을 바탕으로 성장합니다. 기본적인 애정이 선행되지 않는 관계는 모래 위에 쌓은 성처럼 금방 무너지기 쉽습니다. 어렸을 때부터 쭉 봐온 친구와 속 깊은 이야기도 나누고 오래 만나도 어색하지 않은 것처럼 아이도 엄마에게 그런 편안함을 느껴야 합니다.

그래야 아이에게 도움이 필요한 순간 효과적으로 개입할 수 있어요. 아이를 부정하고 아이의 현 상태에 대해 늘 불만을 표하면 아이 또한 엄마를 향한 마음을 닫아버릴 수 있어요. 아이의 약한 부분을 알았다면 거기서부터 시작하면 됩니다. 그 시간이 바로 아이와 엄마가 함께 성숙할 수 있는 '골든 타임'이라는 것을 기억해야 합니다. 엄마가 괜찮아야 아이가 괜찮습니다.

## 함께 읽으면 좋은 그림책

《빈집에 온 손님》 황선미 글·김종도 그림 | 비룡소

《내사랑 뿌뿌》 케빈 헹크스 글·그림 | 비룡소

《비둘기야, 학교에 같이 가자!》 모 윌렘스 글·그림 | 살림어린이

## 2장

# 우리 집
# 수도꼭지 울보

## 아이의 눈물 앞에서 쓰는 엄마 일기

아이가 일어나자마자 눈물 바람이다. 기분 좋게 하루를 시작하고 싶은데 아이는 조그만 일에도 쉽게 화를 내고 울어버린다. 기분을 맞춰주려 재미있는 이야기도 해보고 다른 곳으로 화제를 돌려보기도 하지만 좀처럼 울음을 멈추지 않는다. 내가 무언가 잘못해서 아이가 이렇게 쉽게 우는 건 아닌지 걱정스럽다. 어릴 때부터 예민하고 겁도 많고 말수도 많지 않아 툭하면 울었던 아이, 크면 나아질 거라는 말에 기대를 걸어보다가도 감정 기복이 심한 아이의 일상을 지켜보고 있자면 가슴이 답답하다.

## 엄마 노트
### - 부정적인 감정에 대처하는 훈련

인간의 존재를 알리는 첫 번째 신호가 울음입니다. 어릴수록 울음이라는 것은 소통의 중요한 도구지요. 나이가 어릴수록 아이들은 하위 뇌의 지배를 받기 때문에 약간의 좌절이나 고통도 참지 못하고 즉각적인 반응을 보입니다. 미성숙한 뇌는 부모의 적절한 보살핌을 받으면서 전두엽을 발달시킵니다. 스트레스를 조절하며 분노를 이기고 자기를 통제합니다.

성장하면서 아이는 스스로 감정을 달래고 조절하며 적절한 방법으로 생각을 표현하고 협상하기 시작합니다. 성장의 증거지요. 다른 사람이 자신의 감정을 어르고 달래주어야 하는 과정이 불필요한 상황에 이르는 것을 성장이라고 말할 수 있어요.

그렇다면 자기 생각을 이야기하지 못하고 눈물부터 보이는 아이는 왜 그런 것일까요? 아이가 태어나서 두 돌까지는 자신을 표현하는 데 서툴기 마련입니다. 따라서 아이가 울 때 즉각적인 도움을 주고 반응을 보여야 합니다. 만 2세 이전 아이의 뇌는 성인의 뇌와 같지 않아 스트레스 상황에서 자신을 보호할 수 없습니다. 그래서 아이를 오래 울리는 것은 위험할 수 있습니다. 스트레스 호르몬으로 꽉 찬 아이의 뇌는 자신의 뇌를 성숙

시키는 데 에너지를 사용할 수 없답니다.

하지만 아이의 뇌가 점점 성숙해져 상황을 파악하고 스트레스 상황에서 자신이 취해야 할 태도를 알아갈 수 있는 나이가 되었는데도 울기만 한다면 그 이유를 잘 살펴야 합니다. 우는 것이 자신의 목표를 성취하기 위한 거짓된 표현의 일환이라면 다른 적절한 표현 방법을 알려줘야죠.

인간이 느끼는 다양한 감정 중에는 불편하고 회피하고 싶은 감정이 있습니다. 속상함, 부끄러움, 슬픔, 우울 등이 그것입니다. 우리는 이러한 부정적인 감정이 떠오를 때마다 대응하고 처리해야 할 방식이 다르다는 것을 압니다. 하지만 지나치게 여리거나 섬세한 아이의 경우 다양한 대처 방법에 대해 잘 알지 못해 우는 것으로 해결하려는 경우가 있어요.

게임에서 졌을 때, 친구가 놀렸을 때, 넘어졌을 때, 부끄러울 때 모두 우는 방식으로 감정을 표현합니다. 그러다 보면 또래 관계에서 힘든 경우가 생기지요. 친구는 가해자, 자신은 피해자 양상으로 해석될 여지가 많아 자꾸 우는 아이 곁에서 놀이를 지속할 친구를 찾기란 쉽지 않습니다. 자신의 감정을 내면에서 잘 조절하고 사회적으로 용인되는 방식으로 표현하는 과정을 연습할 필요가 있습니다.

## 그림책 처방

《울보 나무》(카토 요코 글·미야니시 타츠야 그림, 한림출판사)는 울보 아기 돼지와 울보 나무의 우정과 성장을 다룬 이야기예요.

아기 돼지는 매일 다양한 이유로 웁니다. 하루는 울고 있는 아기 돼지 위로 비가 내려요. 나무의 눈물입니다. 나무에게 우는 이유를 물어보니 슬퍼하는 아기 돼지를 위해 아무것도 해줄 수 없어서 운다고 합니다. 아기 돼지는 자기 때문에 우는 나무를 달래주어요. 나무는 넘어진 아기 돼지를 보고 아플까 봐 먼저 울어요. 아기 돼지는 그런 나무를 달래주기 바쁘네요. 추운 겨울, 나무 아래서 자는 아기 돼지를 위해 나무는 자신의 나뭇잎을 모두 떨어뜨려 줍니다. 시간이 흘러 봄이 되고 나뭇잎이 다시 자란 나무는 돼지와 만납니다. 이제 돼지와 나무는 아무 말을 하지 않아도 서로의 마음을 알아요. 울지 않고도 마음을 전할 수 있음을 알게 됩니다.

❶ 아이의 속상한 마음을 읽어주세요.

아기 돼지는 자기 자신보다 더 속상해하고 마음 아파하는 나무를 통해 위로를 받아요. 나 때문에 눈물짓는 나무 앞에서 아기 돼지는 고마운 마음이 듭니다. 나의 어려운 상황을 나보다 더 아파해주고 같이 울어줄 사람이 있다는 것만으로 위로를 받습니다. 든든하지요.

"그게 울 일이야?" "별일도 아닌데 자꾸 우니?"라는 말은 그렇지 않아도 속상한 마음에 뾰족한 가시처럼 박혀 또 다른 상처를 낸답니다. "친구가 장난감을 빼앗아 가서 속상했구나." "달리다가 넘어져서 화가 났구나." 자신이 처한 억울하고 힘든 상황에 대해 누군가가 자신을 이해해준다는 생각을 하면 힘을 얻을 거예요. 이렇게 아이의 마음을 읽어주세요. 그것만으로도 아이는 어두운 밤하늘에 터지는 환한 폭죽처럼 빛나는 순간을 경험할 거예요.

❷ 우는 대신 자신의 감정을 표현하는 방법을 알려주세요.

스트레스 받는 상황을 어떻게 소화하느냐는 사람마다 다릅니다. 소리를 지르기도 하고 스스로 고립시키기도 하고 울기도 하지요. 운동이나 먹는 것, 기분 좋은 수다나 여행 등으로 해소하기도 합니다. 대부분의 아이는 자신의 부정적인 감정을 해소하는 데 가장 손쉬운 방법인 울음을 선택합니다. 다른 방법을 알지 못하는 동시에 가장 즉각적인 보상을 얻을 방법이기에 벗어나지 못하지요.

아이가 울 때 엄마의 마음이 약해집니다. 하지만 인생에 있어 눈물 나고 힘든 모든 순간에 엄마가 있어줄 수는 없지요. 스스로 해결하고 회복해야 하는 순간이 옵니다. 박차고 일어설 수 있는 용기와 지혜를 누적시켜 나가야 하지요. 그러려면 아이 스스로 감정의 늪에서 빠져나올 수 있어야 해요. 한두 번 경험이 쌓이다 보면 울지 않고 해결하는 방법을 찾아낼 거예요. 방법을 찾아내고 시도해낼 때 등을 토닥여주세요. 아이 마음의 성장점이 꿈틀거리는 시간이랍니다.

그림책 《무지개 눈물》은 다양한 종류의 눈물을 이야기합니다. 아파서, 억울해서, 서운해서, 화가 나서 부정적인 감정을 눈물로 표현하기도 하지만 엄청나게 신나거나 뭉클할 때도 눈물이 납니다. 그 눈물을 초록색 눈물이라고 말해요. 우리 일상에서 다양한 종류의 감정과 눈물이 있다는 것을 알려주는 것도 좋습니다. 자신이 흘리는 눈물이 어떤 의미인지 알아보는 것도 감정을 이해하는 데 도움을 줍니다.

**❸ 혼자만의 시간을 갖는 것도 필요해요.**

아이가 다른 아이와 다르게 유별난 면이 있다고 느낄 때 엄마는 자신의 양육 방식에 자신감을 잃고 흔들릴 수 있어요. 아이의 문제 행동이 나타났을 때 두려운 마음이 드는 것도 자연스러운 모습입니다. 아이를 키우는 일은 누구나 처음 겪는 신비로운 모험과 같은 시간이 연속이기 때문이지요. 아이가 운다고 해서 바짝 엎드려 아이의 요구를 들어주다 보면 아이는 절대로 그 끈을 놓지 않으려 할 거예요. 아이가 울 때 모른 척 넘어가고 홀로 보낼 수 있는 시간을 주는 것도 좋습니다. 우는 것이 해결방법이 될 수 없다는 것을 알게 도와주어야 합니다. 마음의 안정을 스스로 찾도록 시간을 주세요. 마음은 아프지만 그것이 아이를 돕는 길이랍니다.

## 함께 읽으면 좋은 그림책

《엄마는 울보》 마리아 스테판스 글·아네스 레비 그림 | 북앤솔루션

《눈물바다》 서현 글·그림 | 사계절

《무지개 눈물》 강성은 글·조원희 그림 | 장영

## 3장

# 무조건 화부터 내는 아이

## 화를 받아주기 힘든 날의 엄마 일기

아이가 작은 일에도 자기 뜻대로 되지 않으면 화를 내고 소리를 지른다. 화를 주체하지 못해 펄쩍펄쩍 뛰고 물건을 집어 던지고 고래고래 소리를 지른다. 그런 아이의 모습이 무섭게 느껴질 때도 종종 있다. 이제는 아이를 신체적으로 제압하는 것이 벅차다는 생각이 든다. 자기감정에만 빠져 앞뒤 안 가리는 아이를 볼 때면 안쓰럽다는 생각도 든다. 무엇이 저 아이를 저렇게 만들었는지 자책하게 된다. 평소에는 착하고 대화도 잘 통하는 아이인데 극과 극의 모습을 함께 지닌 아이를 키우자니 마음이 힘들고 몸도 지친다.


## 엄마 노트

– 아이의 분노는 도와달라는 신호예요.

우리 아이의 화내는 모습을 떠올려보세요. 자주 화를 내는 성
향은 타고나는 걸까요? 선천적으로 충동적인 성향이 많고 자기
조절력이 부족한 면을 타고났거나 부정적인 감정에 치우친 판
단을 하는 성향을 지니고 태어났다면 조금 더 화를 참기 어려울
수 있습니다. 그와 함께 감정 표현을 극단적으로 하는 집안 분
위기나 엄격한 부모의 양육 스타일은 극심한 스트레스를 무의
식에 쌓아두도록 만들어요.

정상적인 애착 관계를 맺고 있는지, 아이가 감당해내지 못할
정도의 스트레스 상황에 놓인 것은 아닌지 살펴보세요. 그리고
과거의 어느 지점에 문제가 있었다면 그곳으로 돌아가 아이와
정서적으로 안정적인 관계를 회복하고 돌아오세요. 그러한 과
정 없이 화내는 행동이나 과격한 언어 사용과 같이 표면적으로
드러나는 행동에만 집중해서는 의미 있는 행동 변화를 가져오
기 어렵습니다.

분노는 아이가 스스로 감정을 잘 처리하지 못하겠으니 도와달라고 외치는 신호예요. 마음의 불균형을 균형으로 맞추기 위한 나름의 방어기제인 것이죠. 하지만 이를 바라보는 부모는 화가 나기도 합니다. 엄마의 지친 마음은 아이를 비난하거나 무시하며 아이의 힘든 마음을 보듬어주지 못하는 상황을 만들기도 하죠.

아이는 부모와 감정적으로 적절한 소통을 하지 못한 채 자신의 감정을 억누르기만 하고, 결국 작은 일에도 민감하게 반응하고 좌절감과 해소되지 못한 분노를 품게 됩니다. 유전과 학습은 아이의 '화'를 세대에서 세대로 전달하는 통로가 됩니다. 자녀의 사생대회 그림이 전달되지 못해 편의점으로 돌진한 엄마(16쪽 참고)의 화를 자녀가 그대로 학습할 것이라는 추측은 어렵지 않게 해볼 수 있습니다.


## 그림책 처방

《베티는 너무너무 화가 나!》(스티브 앤터니 글·그림, 살림어린이)는 사소한 일에도 흥분하고 화내는 아이들의 모습과 그 행동이 문제해결에 도움이 되지 않는다는 걸 보여주는 책이에요.

배고픈 아기 고릴라 베티가 노랗게 잘 익은 바나나를 발견합니다. 그런데 문제가 있네요. 껍질이 벗겨지지 않아요. 손을 써보고 이를 써보고, 발까지 써보지만 소용없습니다. 그러다 큰 부리 새 아저씨가 다가와 바나나 껍질 까는 것을 도와주어요. 하지만 여전히 바나나 껍질은 까지지 않아요. 베티는 화가 나기 시작합니다. 소리를 지르고 발을 쿵쿵거리고 엉엉 울어 댑니다. 누구도 말릴 수 없을 정도로 화가 많이 난 베티. 우리 아이가 화났을 때 모습과 영락없이 똑같아 웃음이 나네요.

### ❶ 아이 마음의 온도를 먼저 읽어주세요.

베티를 화나게 한 건 고작 바나나 한 개예요. 같은 상황이라도 누군가는 좀 더 참아낼 수도, 누군가는 화산이 폭발하는 것처럼 화를 뿜어낼 수도 있습니다. 과격하게 화를 내는 아이의 마음을 잘 들여다보세요. 누적되어 있는 불편한 감정이 있을 수 있답니다. 불안함에 신경질적으로 반응하는 것일 수도 있어요.

아동 정신분석의 거장 도널드 위니컷(Donald Woods Winnicott)은 "충분히 좋은 엄마는 아이의 부정적 감정을 읽어주는 감수성을 잘 발휘한다"고 말합니다. 아이 감정의 종류와 강도를 잘 파악해보세요. 화난 아이를 감당하지 못해 아이보다 더 열을 내며 불같이 화를 내는 부모는 아닌지 돌아보세요. 아이는 미숙한 존재이니 감정에 치우쳐 균형을 잃은 상태라는 것을 이해하고 아이 마음의 온도를 먼저 읽어주세요.

**❷ 불편한 감정을 이해하고 표현해볼 기회를 주세요.**

사람은 즐겁고 유쾌한 감정뿐 아니라 불편한 감정도 경험합니다. 나뿐만 아니라 나를 둘러싼 모든 사람을 힘들게 할 정도로 부정적인 방법으로 감정을 표현하는 것은 조절할 필요가 있어요. 감정 조절을 하기 위해서는 먼저 자신의 감정을 표현할 수 있게 도와주어야 해요. 그리고 자신이 표현한 감정을 통해 이해받고 있다는 것을 느끼도록 도와주어야 합니다. 이 과정을 통해 아이는 자신의 모습 그대로를 인정받는다는 느낌을 받습니다.

불편한 감정이 오롯이 아이 혼자 알고 풀어야 하는 숙제가 되지 않도록 도와주세요. 시기, 질투, 분노, 짜증과 같은 감정을 솔직하게 이야기해보고 해소할 방법에 대해 이야기 나누어보세요. "OO(이)가 지금 유치원에서 하고 싶은 놀이를 못해 화가 났구나." "동생에게 아이스크림을 뺏겨서 속상했구나"와 같이 아이가 힘들어하는 이유를 언어로 표현해주세요. 이 과정을 통해 아이는 자신의 감정을 객관적으로 인식하고 이해할 수 있게 된답니다. 부정적인 감정이라고 해서 무조건 참는 것을 요구하다 보면 무의식 속에 잠재된 분노가 이성을 지배하게 됩니다. 더 큰 화를 불러올 수 있어요.

❸ 화를 다루는 방법에 대해 알려주세요.

《화난 마음 안아주기》라는 그림책에 이런 문장이 있어요. "생각을 멈추고 가만히 숨을 들이마신 뒤 천천히 숨을 내쉬어 봐. 화는 조금씩 가라앉아 어디론가 사라지고 어느 순간 웃음이 날 수도 있어." "왜 화가 났는지 엄마, 아빠나 친구에게 이야기를 해 보는 것도 좋아."

아이는 자신의 감정을 조절하고 적절하게 표현하는 방법을 몰라요. 훈련이 필요하지요. 좀 더 순화된 방법으로 표현하다 보면 감정을 억압하고 자책하는 대신 나와 타인 모두가 이해할 만한 방식으로 감정을 드러낼 수 있게 된답니다. 이것은 감정과 정서 분화 과정에서 좀 더 성숙한 방식으로 자라도록 돕습니다. 내 마음을 조절할 수 있도록 하는 것은 인간 발달 과업 중 무엇보다 중요합니다.

## 함께 읽으면 좋은 그림책

《화난 마음 안아주기》 쇼나 이시스 글·이리스 어고치 그림 | 을파소

《내 안에 공룡이 있어요!》 다비드 칼리 글·세바스티앙 무랭 그림 |
진선아이

《나는 가끔 화가 나요!》 칼레 스텐벡 글·그림 | 머스트비

## 4장

# 뜻대로 될 때까지
# 울며 떼쓰는 아이

## 떼쓰는 아이에게 지친 날의 엄마 일기

며칠 전 도서관에 갔다가 난감한 일을 겪었다. 도서관에서 지켜야 할 규칙을 일러주고 들어갔건만 아이가 이리저리 뛰고 큰 소리를 내는 통에 급히 도망치듯 나와야만 했다. 나와서 "도서관은 책 보는 곳이야"라고 되풀이해서 이야기해주었지만 아이는 계속 떼를 쓰며 울기만 한다. 주변에 보는 눈이 많아 이야기를 길게 하지 못하고 자리를 옮겨야 했다. 한 번 울고 떼를 쓰기 시작하면 잘 그치지 않고 끝까지 힘겨루기 하는 것 같은 아이의 모습을 보면 나도 참기 힘들어지는 순간이 종종 찾아온다.

## 엄마 노트
### – 아이의 떼에 대처하는 방법

생후 18개월 무렵이 되면 아이는 다양한 감정을 경험합니다. 이제껏 경험해보지 못한 격앙되고 폭발적인 감정을 느끼기도 합니다. 하지만 아직 자신이 느낀 감정을 적절히 조절하고 언어로 순화해서 표현할 수 없어요. 감정을 표현하는 방법이 서툴고 거칠어 보일 수 있습니다. 감정의 분화 과정은 자연스러운 발달 과정으로 울고 떼를 쓰는 방법으로 내면의 불균형 상태를 적극적으로 표현합니다. 균형을 찾기 위한 또 다른 형태의 몸부림이 바로 떼쓰기라고 볼 수 있어요.

이렇게 강력하게 자신의 감정을 표현하는 아이와 함께 시간을 보내는 일은 엄마에게 벅찬 상황입니다. 주변 사람들이 어떻게 생각할까 하는 걱정이 들고 당황스럽습니다. 빨리 이 상황을 빠져나갈 방법 찾기에 급급하게 되지요. 그러다 보면 아이를 제대로 통제하지 못한 채 잘못된 방식의 협상이 체결되고 아이의 떼쓰기 행동은 점점 더 강화됩니다.

떼를 쓰는 이유에는 여러 가지가 있어요. 가장 대표적인 이유는 폭풍우처럼 거친 감정의 붕괴를 경험하는 상황을 표현하는 것이랍니다. 불안, 두려움, 불쾌, 아픔, 고통과 같은 부정적인 감정이 그 원인이지요. 하지만 모두 같은 방법으로 감정을 표현하는 것은 아니랍니다. 다른 아이보다 좀 더 예민하거나 감정적인 경향이 클 수 있답니다.

감정의 파도가 다른 사람보다 좀 더 크고 오래 가는 사람의 경우 이 감정을 다스릴 힘과 시간이 더 필요하지요. 이런 아이에게는 마음을 읽어주고 감정에 공감해주는 시간을 더해주어야 합니다. "동생이 ○○(이) 물건을 가져가서 정말 많이 화가 났구나." "오늘은 어린이집에 가고 싶지 않은데 일찍 일어나야 해서 많이 힘들구나." 이렇게 아이의 마음을 읽어주는 말을 해주세요. 이런 말을 듣는 것만으로도 자신의 힘든 마음을 이해받았다는 생각에 조금 누그러진답니다.

아이가 떼를 쓸 때는 견디기 힘든 무리한 요구를 하지는 않았는지 살펴봐주세요. 한 장소에 오랜 시간 앉아있어야 한다든지, 지나치게 피곤한 상황에 있었다든지, 하고 싶은 일을 많이 포기해야 하는 상황에 있는 것은 아닌지 먼저 관찰해보세요. 아이의 인내심과 한계를 뛰어넘는 상황을 이미 제공해놓고 아이에게 그 이상의 조절력을 기대하는 것은 가혹한 일이죠.

위 상황은 아이의 의도가 섞이지 않은 순수한 감정 자체가 그 원인이 될 수 있어요. 하지만 이외에 부모와 힘겨루기를 하기 위한 떼쓰기도 분명 존재한답니다. 이런 떼쓰기는 자신이 원하는 것을 얻기 위한 하나의 생존 기술로 학습된 행동인 경우가 많아요. "이거 사달라고요오오오오~!" 하며 발을 쿵쿵 구르고 소리를 지르며 바닥을 뒹굴기도 한답니다. 그러면서 엄마의 반응을 살피죠.

보통 4~5세가 되면 떼쓰기는 줄어들고 대화로 협상을 해나가는 시기랍니다. 7~8세가 되도록 떼쓰기로 자신의 요구를 관철하려고 하는 아이가 있다면 부모의 대응방식을 돌아보세요. 울고불고 떼를 쓰면 상황을 모면하기 위해 요구를 들어주는 방식의 거래가 이루어지지 않았는지 생각해볼 필요가 있습니다.

## 그림책 처방

《망태 할아버지가 온다》(박연철 글·그림, 시공주니어)는 아이가 말을 안 들을 때마다 망태 할아버지를 소환하는 엄마와 망태 할아버지가 무서워 어쩔 수 없이 엄마 말을 듣는 아이의 이야기예요.

떼쓰는 아이는 새장에 가두어버리고, 밤늦도록 안 자는 아이를 올빼미로 만들어버리고, 세상의 나쁜 아이를 모두 잡아다

가 얌전하고 착한 아이로 만든다는 망태 할아버지를 무서워
하는 한 아이의 독백이 그림책을 채웁니다. 주인공이 잘못할
때마다 망태 할아버지를 데려온다면서 혼을 내는 엄마도, 망
태 할아버지도 무서워하는 아이의 심정이 잘 드러납니다. 주
인공의 마음과 상황은 이해해주지 않고 무조건 망태 할아버
지한테 잡아가라고 말할 거라며 협박하는 엄마 때문에 겁에
질린 아이는 망태 할아버지가 나타나는 무시무시한 꿈을 꾸
는데요. 망태 할아버지가 정말 올까요?

**❶ 아이가 떼쓰기로 마음먹기 전에 살피고 도와주세요.**

문제가 촉발된 후에 상황을 수습하려면 더 많은 에너지가 필
요하지요. 아이가 감정적으로 대응하는 상황에서는 '문제 해결
을 담당하는 뇌 기능'이 멈추게 된답니다. 그리고 뇌의 원시적
인 부분이 두드러진 활동을 하게 된다는 연구 결과가 있습니다.
아이와 함께 감정적으로 대응할 확률이 높아진다는 것입니다.

아이 스스로 자신이 생각한 방향대로 흘러가지 않는다고 판
단하고 기분 나쁜 상황을 맞이했다면 더 격분되는 감정을 느끼
지 않도록 먼저 조치를 취하는 것이 좋습니다. "네가 먼저 하고
싶었는데 못해서 정말 속상하겠다." "친구가 신발을 밟아서 정
말 화가 났겠는걸?" 이렇게 아이의 마음을 이해하고 받아들여

주는 대화를 통해 불안정한 감정을 해소할 수 있는 통로가 열립니다. 이렇게 마음의 여유를 갖게 한 후에 시간을 가지고 상황을 정리할 수 있도록 시간을 주면 좋겠어요.

❷ 떼쓰는 상황을 협박이나 위협으로 해결하려 하지 마세요.

《망태 할아버지가 온다》에 나오는 아이가 화내고 소리지르는 상황에서 엄마가 대응하는 방법을 볼까요? 엄마는 "못된 행동을 하면 무시무시한 망태 할아버지가 와서 너를 잡아가게 할 거다"라고 말합니다. 아이의 행동에 대해 왜 안 되는지를 이해시키는 것이 아니라 아이의 불안과 두려움을 이용해 행동을 수정하려고 합니다.

이러한 방식의 행동 수정은 아이 스스로 생각하고 움직일 수 있는 아이로 성장하기 어렵게 합니다. 나의 행동이 다른 사람에게 피해를 주거나 스스로 감정조절하기 어려운 상황으로 치닫게 되는 것이 얼마나 힘든 일인지 알려주어야 하는데 그런 과정이 생략된 것입니다. 두려움은 일시적 행동 수정만 가져올 뿐이에요. 이성이 아닌 감성에 호소하는 양육 방식은 아닌지 돌아보세요. 스스로 행동을 돌아보는 반성적 사고를 할 기회를 앗아가는 꼴은 아닌지 점검해보세요.

**❸ 차분함을 유지하고 아이 행동에 단호히 표현해주세요.**

감정의 폭풍우 속으로 빠져들면 누구의 이야기도 들리지 않는 상태가 되기 쉽습니다. 그러면 당연히 아이를 이성적으로 설득하기 어렵지요. 이때 아이를 붙잡고 기나긴 설명을 하며 아이의 마음을 돌리려 한들 큰 소득 없는 결론에 이르기 쉬워요. 이럴 땐 잠깐의 시간을 두고, 아이가 떼를 써도 엄마가 요동하지 않는다는 것을 보여주세요.

그리고 아이가 왜 떼를 쓰게 되었는지 이유를 정확히 파악해보세요. 자신이 원하는 것을 얻으려는 의도가 다분한 힘겨루기식 떼쓰기라면 이렇게 해서 얻을 수 있는 것은 없다는 것을 명확히 알려주세요. 물건을 던지거나 나쁜 말에 대해서는 즉시 중단할 것을 이야기해주세요. 공공장소라면 아이의 행동이 다른 사람에게 방해를 주고 있다는 것 또한 알려줍니다.

엄마가 아이와 함께 요동하고 맞대응해서 좋을 것이 없답니다. 즉각적인 효과를 볼 수 있다고 느낄지 모르지만 앞으로 더 강도 높은 에너지를 쏟아부어야 합니다. 언 발에 오줌 누기 식으로 일관성 없이 아이의 요구에 대응하다 보면 아이도 스스로 자기 감정을 조절할 기회를 잃게 되고 억지스러운 방법을 통해서만 문제를 해결해나가는 방법을 익히게 될 뿐입니다. 아이의 요구가 모두 수용되어야 하는 것은 아닙니다. 사랑을 근간으로 한 단호한 지시와 설명, 제재가 필요한 순간이 분명히 있습니다. 이를 단호히 표현해주세요.

**함께 읽으면 좋은 그림책**

《욕심쟁이 꼬마괴물, 오스카》 첼로 만체고 글·그림 | 담앤북스

《에드와르도, 세상에서 가장 못된 아이》 존 버닝햄 글·그림 | 비룡소

《오리야, 쿠키 어디서 났나?》 모 윌렘스 글·그림 | 살림어린이

## 5장

# 자존감 낮은 아이

## 속상한 날의 엄마 일기

"난 잘하는 게 없어. 친구들보다 그림도 잘 못 그리고 달리기도 잘 못해." 아이가 종종 하는 말이다. 친구 누구는 그림을 잘 그리는데 자기는 잘 못 그린다며 속상해한다. 퍼즐을 맞추다가 잘 안 되면 쉽게 포기하고 짜증을 낸다. 다른 사람 탓하기 바쁘다. 나의 어린 시절을 돌아보니 비슷한 기억이 떠오른다. 매사에 자신이 없고 뭐든 잘하는 친구와 나를 속으로 비교하며 속상해했다. 위축되어 있는 나 자신이 싫어서 점점 더 내성적이고 소극적인 행동을 했다. 아이의 마음을 이해하면서도 자신감 없는 아이의 말과 행동을 보면 속이 상한다.

## 엄마 노트
‑ 자존감이 경쟁력입니다.

> 인간은 강하다고 생각하는 만큼 강하며,
> 그들이 약하다고 생각하는 만큼 약하다.
> ●프로이트

심리학자 칼 로저스(Carl Ransom Rogers)에 따르면 자존감 형성에는 자신을 대하는 '타인의 태도'가 깊은 영향을 미친다고 합니다. 따라서 아이와 밀접한 관계 속에 있는 부모의 태도는 아이의 자존감 형성에 누구보다 의미 있는 영향을 줄 수밖에 없지요. 부모의 자존감이 자녀의 자존감과 깊은 영향이 있다는 점은 자존감을 논할 때 가장 중요하게 여겨야 할 부분입니다.

수많은 연구에 따르면 자존감이 높은 아이는 학업성적이 우수하고 친구가 많으며 자신의 지각과 판단에 대한 확신이 있고 새로운 과제에 대해 성공을 예상합니다. 또 새로운 도전과 모든 활동에 적극적입니다. 책임감과 배려심이 있고 다른 사람과의 차이를 알고 인정할 줄 알지요. 이는 인생 전 영역에 걸쳐 지속적이면서도 깊이 있게 관여하는 중요한 요소가 됩니다.

자존감은 공감 능력과 긴밀한 연관이 있습니다. EBS 다큐프라임 '아이의 사생활' 편에서 한 가지 실험을 했습니다. 자존감이 높은 아이, 낮은 아이를 고루 섞어 3개 팀으로 나누었어요. 그리고 텐트를 세워보라는 미션을 주었어요. 이 과정에서 어떤 아이는 잘 되지 않자 다른 아이의 실수를 지적하고, 또 어떤 아이는 화를 내기도 하고 짜증을 내기도 합니다. 한편 "나한테 좋은 생각이 있어. 내가 한 번 해볼게"라며 상황을 해결해 나가기 위한 긍정적인 방향을 제시하는 아이도 있었습니다. 이렇게 팀원에게 도움이 될 만한 이야기를 하고 분위기를 만들어가는 아이는 자존감이 높았어요. 자존감이 높다는 것은 다른 사람의 마음을 이해하는 공감 능력이 있다고 해석할 수 있습니다.

자존감은 운동성이 있어요. 어린 시절 형성된 자존감은 성장 과정 내내 영향을 미치는 중요한 요소로 작용하지만 절대 변하지 않는 철옹성 같은 것은 아니랍니다. 얼마든지 바뀔 수 있어요. 이제껏 잘못 끼워 맞춘 부분이 있더라도 괜찮습니다. 중요한 것은 아이는 학령기에 진입하면서 자신에 대한 긍정적 신념을 갖기 더 어려운 환경에 처한다는 점이에요. 그러므로 유아기에 자존감을 탄탄히 해놓는 것이 매우 중요하다는 점을 기억하고 노력해야 해요.

자존감은 경쟁력입니다. 행복한 삶, 성공적인 삶의 바탕이 되는 매우 중요한 요소예요. 자존감의 뿌리가 단단히 내려져 있는 아이의 미래는 희망적이라 감히 말할 수 있습니다. 인생의 행복을 결정짓는 요인에는 여러 가지가 있어요. 그중 자존감이 바르게 선 아이로 성장할 수 있게 돕는 일은 그 무엇보다 중요한 일이랍니다. 경제적·학문적 성취를 위한 노력이 궁극적으로는 '행복한 삶'을 위한 것이라는 데 공감한다면 아이의 자존감 형성을 위한 부모의 '공부'가 함께 이루어져야 합니다.

## 그림책 처방

《천만의 말씀》(스즈키 노리타케 글·그림, 북뱅크)은 멋진 가죽이 있는 코뿔소가 부러운 남자 아이와 서로를 부러워하는 동물들의 이야기예요.

주인공 '나'는 지극히 평범한 남자 아이입니다. 어디서나 만날 수 있는 그런 아이 말이에요. 나는 멋진 가죽을 가진 코뿔소가 부럽습니다. 그런데 코뿔소는 가볍게 뛰어다니는 토끼가 마냥 부러워요. 토끼는 바닷속을 헤엄치며 다니는 고래가 부럽고 고래는 기린이 부럽습니다. 기린은 하늘을 나는 새가 부럽고 새는 세상에서 가장 강한 동물, 사자가 부러워요. 그런데 정작 사자는 사람이 가장 부럽다고 하는데요. 어떻게 된 일일까요?

### ❶ 너는 너라서 멋져!

"자기에게 없는 건 잘 보이지만, 누구에게나 힘든 건 있지. 그래도 우리, 좋아하는 거 하나쯤은 있잖아? 나는 나라서 좋아! 너는 너라서 멋져!"

책 표지 글입니다. '나'를 중심으로 한 세계에서 '타인'의 존재를 인식하는 단계로 발전해 나가는 것을 '발달'이라 합니다. 그 과정에서 타인과 자신의 능력을 비교하는 것은 발달을 이루게 하는 한 축임을 부정할 수 없습니다. 그리고 이러한 과정에서 상대적 비교와 박탈감을 느끼는 것은 자연스러운 감정이지요. 자신에 대한 긍정적 인식 대신 부족하고 열등한 존재로 인식하면 위축되고 숨어버리고 싶기도 합니다.

그렇다고 혼자 살 수는 없는 일, 타인과의 비교에서 오는 실망감을 삶의 일부로 여기고 대신 자신에 대한 긍정적 사고를 차곡차곡 쌓아야 합니다. 다른 이가 가지고 있는 좋은 점을 부러워한들 내 삶에 변화를 주기 어렵기 때문이지요. 달리기를 생각해볼까요. 결승선이 정해져 있는 경주에 참여한 모든 이에게는 필연적으로 등수가 정해집니다. 하지만 각자 다른 방향으로 달려나가는 경주라면 순위는 의미가 없지요. 아이가 어느 방향으로 달려나가고 있는지 바라봐주세요. 아이만의 색깔을 찾아주세요.

### ❷ 공감하는 말은 매우 중요합니다.

아이의 긍정적·부정적 감정에 공감하는 말은 매우 중요한 의미를 지닌답니다. 두려워하거나 불안해하거나 화를 낼 때도 아이의 마음을 먼저 공감해주는 것이 필요합니다. 부모의 공감은 아이들이 자신을 유능하다고 느끼게 하는 가장 이상적인 환경이에요.

예를 들어 아이가 운동회에서 달리기를 했는데 꼴찌로 들어온 상황이에요. 이때 부모가 아이에게 "거봐 어제 엄마랑 달리기 연습하자고 할 때 같이 했어야지, 결국 이렇게 됐잖아." 식의 반응은 아이의 마음을 알아주는 말이 아닐 거예요. "다른 친구보다 늦게 들어와서 속상하지? 엄마도 너무 속상하다." 이렇게 아이의 마음에 공감해주는 것이 먼저랍니다. 자신의 마음을 있는 그대로 받아들여주는 누군가가 있다는 것은 누군가에게 인정받는 것이고 이는 결국 자존감으로 이어집니다. 이렇게 자존감이 형성된 아이는 다른 사람의 마음에 공감할 수 있게 됩니다.

**❸ 스스로 선택하고 마음껏 해볼 수 있게 도와주세요.**

'선택'은 자존감 형성에 강력한 힘으로 작용합니다. 자신이 선택한 일을 해보고 그에 따른 결과를 마주하는 일은 자신의 힘을 직접 경험해볼 수 있는 기회입니다. 부모가 모든 것을 선택해주고 알려주어 위험 부담을 낮추는 것이 아이를 돕는 게 아니에요. 아이 스스로 자신이 선택한 일을 해보고 그에 따른 성공과 실패 경험을 차곡차곡 누적시킬 때 자신이 가진 힘, 즉 강점에 대해 알게 됩니다.

자신이 할 수 있는 것과 어려운 것을 구분하는 과정에서 새로운 일에 대한 도전 정신을 갖게 되지요. 또 조금 더 어려운 과제를 시도해볼 힘을 얻게 됩니다. 스스로 아무것도 할 수 없다고 생각하는 아이가 아니라, "아직은 잘 못하지만 조금만 노력하면 할 수 있을 거야"라고 생각하는 아이가 되기를 원한다면 아이의 선택과 그에 따른 결과를 여과 없이 맛보게 하면 좋겠어요. 그 경험이 아이를 키울 것입니다.

## 함께 읽으면 좋은 그림책

**《진정한 일곱 살》** 허은미 글·오정택 그림 | 만만한책방

**《아나톨》** 이브 티투스 글·폴 갈돈 그림 | 미디어창비

**《미용실에 간 사자》** 브리타 테큰트럽 글·그림 | 키즈엠

## 6장

# 나만 아는
# 이기적인 아이

## 욕심 많은 아이가 고민인 날의 엄마 일기

우리 아이는 유독 승부욕이 강하다. 그래서 보드게임을 해도 자신이 모든 과정을 주도해야 참여한다. 조금이라도 주도권을 뺏겼다는 생각이 들면 시들해진다. 게임을 하다가 같은 팀 친구가 실수라도 하면 함부로 말하고 팀을 바꾸자고 한다. 친구의 장난감이 좋아보이면 무슨 수를 써서라도 자신이 차지하려고 한다. 그러다 보니 자주 다투게 되고 우리 아이가 나타나면 다른 아이들이 슬금슬금 눈치를 보는 것 같다. 유치원에서도 이런 문제 때문에 친구들과 갈등 상황을 자주 만나는 것 같다. 어떻게 도와주어야 할까?

## 엄마 노트

### - 왜 이기적인 행동을 할까?

> 오직 자신만을 위해 사는 이기적인 사람은
> 남에게는 죽은 것과 다름없는 존재다.
> ● 퍼블릴리우스 시러스

"개인은 집단을 넘어설 수 없다."《빅 포텐셜》저자 숀 아처 (Shawn Achor)의 말입니다. 하버드대학교에서 행복학 강의로 유명한 그는 "앞으로는 다른 사람과 관계를 잘 맺는 사람만이 살아남는다"라고 말합니다. 혼자 이루는 성공의 한계성을 지적하며 집단에서 서로를 위할 때 성공 확률이 높아진다는 거예요.

반딧불이는 함께 뭉쳐 다니며 암컷을 유혹합니다. 혼자 빛을 뿜고 있으면 암컷에게 전달될 확률이 3%에 불과하지만 함께 빛을 내면 전달될 확률이 82%로 높아진다고 해요. 이렇게 함으로써 짝짓기 확률을 28배나 높인다고 합니다. 나뿐만 아니라 나를 둘러싼 모두의 성공률을 높이는 방법은 '혼자'가 아니라 '함께'에 있다는 것을 보여주는 좋은 예입니다.

이제는 융합과 조화가 중요한 덕목이 되었습니다. 과거에는 뛰어난 천재 한 명이 전체를 먹여 살리던 시대였지만 세상이 바뀌어도 한참 바뀌었지요. 제아무리 뛰어난 천재라도 협력과 조화를 배우지 않으면 그 능력을 발휘하기 어렵습니다. 융합을 잘하는 사람이 인재가 되는 시대입니다. 개인의 아이디어가 다른 사람의 아이디어와 만났을 때 더 빛나는 창의성을 가져오는 시대입니다.

이러한 시대적 요구를 고려하지 않더라도 이기적인 아이를 볼 때 어찌해야 하나 고민이 드는 건 사실입니다. 왜 우리 아이는 이기적으로 행동할까요? 대부분 유아기 아이들은 자기 중심성이 강하기 때문에 타인의 상황을 이해하거나 배려하는 것이 쉽지 않습니다. 하지만 유독 이기적인 행동과 말을 해서 다른 친구의 미움을 받는 경우라면 그 이유를 알아봐야겠죠.

주변 사람들이 자신의 마음과 요구를 잘 이해해주지 않는다고 생각할 때 아이는 불안·우울해지고 이와 같은 부정적인 감정을 겪고 싶지 않은 마음에 자기중심적인 행동을 하는 경우가 많습니다. 그 대표적인 예가 동생을 본 아이의 모습입니다. 동생이 태어나면서 유독 동생 물건에 욕심을 낸다든지 퇴행적인 행동을 하는 아이가 많습니다. 자신에게만 집중되어 있던 사랑과 관심이 동생에게로 옮겨가면서 자기 마음을 이해해주는 사람이 없다고 느껴 이기적인 행동으로 나타나는 것입니다.

또는 낮은 공감력이 문제가 될 수 있습니다. 다른 사람 마음을 이해하지 못할 때 나만 생각하는 이기적인 행동이 나타날 수 있어요. 모든 가족이 아이를 중심으로 움직이다 보면 아이는 타인의 형편과 상황을 이해할 필요를 느낄 수 없습니다. 다양한 대인관계를 경험하기 어려운 핵가족 시대를 살아가면서 점점 더 상대방의 생각과 형편을 이해하는 기회가 줄어드는 현실입니다. "아이가 다 그렇지" 하고 덮어둘 문제인지, 원인을 알아보고 1도라도 방향을 전환할 기회를 만들어주어야 할지 고민해보아야 합니다.

### 그림책 처방

《내 뼈다귀야!》(윌과 니콜라스 글·그림, 시공주니어)는 하나의 뼈다귀를 서로 자기의 것이라고 우기는 강아지 두 마리에 대한 이야기예요.

두 마리 강아지, 냅과 윙클은 뼈다귀 하나를 놓고 서로 자신의 것이라 우기기 시작합니다. 결론이 나지 않자 둘은 마을 여기

저기를 다니다 농부와 염소 그리고 이발사에게 판결해 달라
고 하지요. 하지만 이들은 모두 자신이 처한 문제에만 관심이
있을 뿐 도와주려고 하지 않아요. 그러다 그들은 큰 개를 만나
는데요. 냅과 윙클은 뼈다귀를 지켜낼 수 있을까요?

**❶ '함께'의 의미를 알려주세요.**

성공한 사람을 결정짓는 것은 지능이 15%, 나머지 85%는
인간관계라고 합니다. 인간관계의 핵심은 자신의 감정을 조절
하고 다른 사람과 감정을 주고받으며 신뢰와 배려를 교류하는
것입니다. 아무리 뛰어난 재능과 지능을 가지고 있더라도 함께
할 수 있는 능력이 수반되지 않은 인재라면 더불어 사는 사회에
고독한 섬처럼 살아갈 수밖에 없습니다.

이기적인 아이에 관한 연구를 보면 상당 부분 타고난 기질 때
문인 경우가 많습니다. 공감 능력 부족도 선천적으로 약한 사람
이 있지요. 아이가 선택하지 않았지만, 본능적으로 다른 사람에
비해 유독 이기적인 행동을 보이는 아이가 있어요. 이런 아이에
게는 아이 눈높이에 맞는 적절한 설명을 해주고 설명에 따른 모
델링을 자주 보여주면 좋아요. 아이가 같은 경험을 해볼 수 있
도록 환경을 제공해주고 잘했을 경우 그에 따른 적절한 칭찬과
격려를 해주면 조금씩 변화하는 모습을 보일 거예요.

상대방의 입장과 마음을 고려해볼 수 있는 대화를 이끄는 것도 중요합니다. 이럴 때 간혹 "왜 내 편을 안 들어주고 친구 편만 들어주냐"며 더 화를 내는 아이도 있답니다. 당연한 반응이니 먼저 아이의 반발심까지도 차분히 이해하고 공감해주세요. 자신의 감정이 어떤 것인지 왜 화가 나는지 정확하게 이해하지 못하는 아이는 그냥 화를 내고 상대방을 자신에게 굴복시키고 싶어하니까요.

❷ 사회적 기술을 익히도록 도와주세요.

이기적인 성향을 가진 아이들의 경우 다양한 사회 경험, 갈등 상황 경험이 부족해 자기중심적인 사고를 하는 경향도 다수 있습니다. 아이가 친구들과 잘 어울리지 못하는 경우 자신의 권리를 지키기 위해 타협이나 조율이라는 방법을 사용하지 못하고 자신의 힘으로 욕심을 채워 자신의 위치를 보여주려고 하는 경향도 있어요. "괜찮아?" "내가 도와줄까?" "이번엔 네가 먼저 해도 좋아"와 같이 친구 관계에 꼭 필요한 언어, 사회적 기술을 익힐 수 있도록 가정에서 연습하고 보여주는 것이 필요합니다.

《100만 번 산 고양이》 사노 요코 글·그림 | 비룡소

《이건 내 나무야》 올리비에 탈레크 글·그림 | 이숲아이

《나만 대장할래요》 파키타 글·마리그리부이유 그림 | 풀빛

## 7장

# 형제자매 관계가
# 안좋은 아이

### 싸우는 아이들로 머리 아픈 날의 엄마 일기

오늘은 아침부터 전쟁통이다. 첫째 아이가 생일 선물로 받은 미니카를 둘째 아이가 갖고 노는데 첫째가 동생이 갖고 있던 미니카를 확 뺏어버렸다. 이에 질세라 작은 아이가 큰아이를 확 밀어 재꼈다. 치고받고 하더니 결국 힘이 밀리는 작은 아이의 울음이 터졌다. 맞아서 아프다며 땀이 뒤범벅된 채로 뛰어오는 아이를 보니 안쓰럽다. 큰아이에게 "동생이 미니카를 좀 갖고 놀게 양보해줄 수 있지 않냐"고 했더니 억울한 듯이 울먹인다. 큰아이 마음을 이해 못하는 건 아니지만 좀 양보해주면 될 일을 이렇게 일을 크게 만드는 큰애의 태도가 마음에 안 든다. 눈만 뜨면 아이들 싸움과 고성과 울음에 머리가 지끈지끈 아프다.

## 엄마 노트
### - 형제자매 사이, 세심한 배려가 필요합니다.

형제자매는 누구보다 가장 큰 힘이 되어주는 위로자인 동시에 가장 강력한 경쟁자이기도 합니다. 이 가운데 부모라는 존재가 있지요. 부모는 이들 사이에서 공평과 사랑, 희생, 나눔 등을 보여주는 좋은 모델이 되어주기도 하고 불공평, 편애, 시기심을 부추기는 미숙한 사랑을 보여주기도 합니다. 자녀는 그 모습을 통해 '거울 자아'(Looking glass self)를 형성해갑니다. 거울 자아란 자신에게 가장 영향력 있는 존재가 자신을 어떻게 생각하고 판단하는지에 따라 자신을 평가하는 것을 말합니다.

오카다 다카시의 《나는 왜 형제가 불편할까?》에 보면 《인간 불평등 기원론》을 쓴 교육학자 루소 이야기가 등장합니다. 루소는 태어나자마자 엄마를 잃었고 아버지는 엄마를 쏙 빼닮은 루소를 지극히 사랑했다고 해요. 그 결과 루소의 형은 엄마도 잃고 아빠도 잃는 상황을 맞이하게 되었지요. 형은 이로 인한 심리적 박탈감으로 17세에 집을 뛰쳐나가 다시 돌아오지 않았습니다. 아버지의 불공평한 사랑에 대한 원망과 아픔이 가족 간의 이별을 가져오고 말았지요.

왈츠의 왕 요한 슈트라우스 2세의 경우를 볼까요. 그에게는 두 동생이 있었어요. 막냇동생 에두아르크 슈트라우스는 훌륭한 외모를 소유했지만 작곡 재능은 형만큼 뛰어나지 않았어요. 뛰어난 작곡 실력을 타고난 큰 형에 대한 질투심이 항상 그를 힘들게 했지요. 재능이 많은 형은 유독 엄마의 사랑을 많이 받았습니다. 이 가운데서 막냇동생이 느꼈을 질투와 형에 대한 미움은 가히 짐작이 가고도 남습니다. 그는 형이 죽은 후 형이 작곡한 악보를 모두 불태우는 일까지 서슴지 않았다고 합니다.

형제자매보다 부족하다는 이유로 비교하고 상대적으로 관심을 덜 주는 상황을 버텨낼 사람은 없어요. 내가 경험한 부정적인 감정은 반드시 나타나게 되어있습니다.

남자 형제 셋과 함께 자란 크루거는 2011년 TED 강연에서 이런 결론을 내렸어요. "형제자매가 매시간 여섯 번씩 수행하는 것은 싸움이 아니라 행위 예술이다." 또 니콜라 슈미트의《형제자매는 한 팀》에는 형제자매가 싸우는 이유를 뇌가 완성되지 않았기 때문이라고 이야기합니다. 발달과 성숙의 과정 중 하나의 모습이 싸움일 수 있습니다.

## 그림책 처방

《터널》(앤서니 브라운 글·그림, 논장)은 날마다 싸우는 남매가 한 터널을 지나며 생기는 일을 담은 판타지 그림책이에요.

외향적인 오빠와 내성적인 여동생은 하나부터 열까지 맞는 것이 없습니다. 오빠가 밖에서 친구들과 공을 차거나 웃고 떠들 때 여동생은 집에서 책을 읽으며 공상을 해요. 동생에게 장난치고 놀리는 오빠를 여동생은 싫어하지요. 그래서 눈만 뜨면 티격태격 싸우느라 정신이 없어요. 엄마는 보다못해 화를 내고 집 밖에 나가 놀다 오라고 합니다.

둘이 향한 곳은 냄새나는 쓰레기장이에요. 그러다 발견한 터널. 무서워하는 여동생의 만류에도 불구하고 오빠는 터널로 들어갑니다. 동생은 기다려도 오빠가 나오지 않자 오빠를 찾아 터널 속으로 들어갑니다. 둘에게 무슨 일이 생겼을까요?

❶ 아이들 스스로 해결할 수 있는 시간을 주세요.

《터널》속 오빠와 여동생에게 터널을 통과한 경험은 큰 의미를 남깁니다. 서로를 진심으로 아껴주는 마음을 확인하고 화해하는 방법에 대해서도 생각해볼 수 있게 하지요. 둘만의 시간이 그들을 그렇게 만들어준 거예요. 만두 속을 터트려 고기와 채소를 분리하는 작업을 해야만 만두 맛을 알 수 있는 것은 아니지요. 싸움이 일어난 원인을 하나부터 열까지 엄마가 모두 알고 탐정 노릇을 해야 하는 것이 아닙니다. 아이들에게 맡겨두어도 좋아요.

저는 아이들이 싸우고 화가 나서 저에게 오면 일단 둘만 조용한 방에 들어가서 해결을 해보라고 이야기합니다. 그리고 각자 잘못한 점을 생각하고 이야기 나누어보라고 해요. 보통 5분 이내에 눈물을 닦으며 밝은 얼굴로 나타나지요. "둘이 해결할 수 있을 거라고 생각했어. 다음에 또 같은 문제가 생기면 먼저 너희가 어떻게 해결해야 할지 생각해봐"라고 말하면 문제해결이 끝납니다. 스스로 해결하고 나서 느끼는 만족감과 위로는 그 누구도 줄 수 없는 좋은 경험이랍니다.

### ❷ 비교하는 말은 그만!

형제자매 관계가 안 좋은 가장 큰 원인 중 하나는 '비교'랍니다. 비교를 당하고 자라는 아이의 마음속에는 화, 우울감, 분노, 불안이 생기죠. 이런 마음의 상처는 또 다른 문제 행동을 유발합니다. 부모와의 관계가 나빠지고 서로 짜증내고 화를 내면서 악순환의 고리는 더 강력하게 고착되지요. 아이의 문제를 찾기

이전에 아이가 그런 문제 행동을 하게 된 이유에 대해 고민해보세요. 입장을 바꿔 아이가 엄마에게 "옆집 누구 엄마는 말도 친절하게 하고 재미있게 놀아주는데 우리 엄마는 그렇지 않아"라고 했다면 어떨까요. 기분이 좋을 리 만무합니다. 한 자녀를 칭찬하는 말이 다른 자녀에게 비교나 박탈감을 줄 수 있습니다. 각자 지닌 색깔을 인정하고 충분히 가치 있는 사람임을 느낄 수 있도록 세심한 배려가 필요해요.

**❸ 첫째 아이의 마음을 잘 보살펴주세요.**

아이들은 "엄마는 너희 둘 다 똑같이 사랑해"라는 말보다 "너를 제일 사랑해"라는 말을 듣고 싶어합니다. 특히 첫째 아이의 경우 자신이 독차지하던 사랑을 빼앗겼다는 마음에 상실감을 더 많이 느낄 수 있어요. 따라서 첫 아이에게는 의식적으로 이런 말을 많이 해주도록 노력해보세요. 자신이 가정에서 얼마나 중요한 위치에 있는지 얼마나 가치 있는 존재인지, 동생보다 먼저 태어나 할 수 있는 일이 많은 능력 있는 존재임을 알려주세요. 자신을 능력 있는 존재로 인식하도록 도와주는 것이 우선되어야 합니다. 이렇게 쌓인 흔들리지 않는 자존감은 자신을 위협하는 동생을 여유 있게 받아들이도록 돕습니다.

## 함께 읽으면 좋은 그림책

《난 형이니까》 후쿠다 이와오 글·그림 | 미래엔아이세움

《원숭이 오누이》 채인선 글·배현주 그림 | 한림출판사

《언니는 돼지야》 신민재 글·그림 | 책읽는곰

## 8장

# 외로운 섬,
# 친구 사귀기 힘든 아이

## 아이의 사회성이 걱정되는 날의 엄마 일기

학기 초, 아이가 친구들이 자기 말은 잘 들어주지 않는다며 유치원에 가기 싫다고 한다. 선생님과 통화를 시도했다. 아이 말처럼 유치원에서 친구들과 놀이에 적극적으로 개입하거나 주도하지 못하고 주위를 맴도는 행동을 자주 보인다고 한다. 선생님이 한 번씩 놀이에 참여하도록 조율하지만, 우리 아이는 친구들의 놀이를 관찰하는 시간이 더 많아보인다고 한다. 친구를 싫어하는 것도 아닌데 왜 친구 사귀는 것을 힘들어할까? 사회성이 부족한 걸까? 낯가림 때문인가? 아이에게 어떤 이야기를 해주어야 할까. 오늘도 고민이 깊다.


## 엄마노트
- 아이의 친구 관계를 눈여겨보세요.

정상적인 발달 과정을 보이는 아이라도 친구 관계에서 어려움을 느낄 수 있어요. 내성적인 성향이거나 낯가림이 심한 아이에게는 정말 어려운 숙제지요. 특히 학기 초 인적·물리적 환경이 모두 낯선 상황에서 적극적으로 놀이를 주도하거나 놀이에 개입하는 일은 누구에게나 쉽지 않은 과제입니다.

사람은 사회적 동물이기에 애정과 인정의 욕구가 있습니다. '친구'라는 존재를 인식하고 친구 관계를 통해 경험하는 우정과 친밀함, 즐거움, 경쟁에 대한 의미를 알아가고 경험해가는 과정에서 사회성을 형성해나가는 것입니다. 혈연관계로 맺어진 가정이 첫 번째 사회 집단이라면 혈연이 아닌 사회 집단인 친구를 경험하는 것은 사회성을 발달시키는 가장 중요하고 의미 있는 활동입니다. 자녀의 친구 관계를 살펴보고 도움을 주어야 하는 이유랍니다.

친구 관계를 잘 맺지 못하는 아이들, 무슨 이유에서 그러는 것일까요? 여러 가지 요인이 있겠지만 가장 중요한 점은 미숙한 관계 맺기 기술에 있어요. 첫째나 외동보다 둘째 아이가 눈치도 빠르고 적극적이지요. 태어나면서부터 경쟁적인 구도에 놓여있고 자신이 사랑을 받기 위해 어떻게 해야 하는지 고민하고 생각한답니다. 그 고민은 친구 관계를 주도하고 다양한 사회적 기술을 가진 '능력자'로 부상하게 만들어요.

요즘은 가정마다 한두 명의 자녀를 키우다 보니 많은 것을 아이 위주로 결정합니다. 모든 것이 '나' 중심인 가정환경에서 벗어나 교육 기관에 가게 되면 아이는 자신이 조금 손해를 보거나 양보해야 하는 상황이 어색하고 불편하다 느낍니다. 무리에 속하면서 경험하는 즐거움보다 자신이 양보해야 하는 상황을 받아들이기 싫을 수 있답니다. 나를 왕자님, 공주님으로 대우해주는 집으로 뛰쳐가고만 싶어져요. 친구 관계에서 느끼는 즐거움이 스트레스보다 덜 만족스럽다면 스트레스를 향해 두 팔 벌려 뛰어나갈 아이는 없을 것입니다.

사회성은 정신 건강을 증명하는 바로미터랍니다. 영아기는 사회성의 기초를 형성해 나가고 유아기에는 사회성의 기둥을 만드는 시기입니다. 이영애 아동 상담센터 소장의 《아이의 사회성》에 따르면 만 3~6세에 발달하는 친사회적 행동으로는 협동심, 다른 사람 마음 이해하기, 나눌 수 있는 마음이 있다고 합니다. 반면 친 사회적 행동 발달을 방해하는 특성에는 반항적 태도와 공격적 에너지, 힘에 대한 욕구, 자기 중심성, 좋은 것과 나쁜 것을 확실하게 구분하는 태도 등이 있어요.

누구나 사회성과 관련된 특성들을 가지고 있습니다. 어떤 이는 친 사회적 행동을 꾸준히 연습하고 내면화한 후 또래 관계에 활용하지요. 어떤 아이는 내면에서 해결되지 않은 감정의 쓰레기들을 만만한 친구들에게 쏟아냅니다. 이는 여지없이 부메랑처럼 자신에게 돌아옵니다. 어떤 감정의 순환을 만들어내야 하는지는 분명합니다.

## 그림책 처방

《파랑이와 노랑이》(레오 리오니 글·그림, 물구나무)는 단짝 친구 파랑이와 노랑이가 서로 섞여 하나가 되기도, 온전히 자신이 되기도 하는 과정을 담은 그림책이에요.

단짝 친구 파랑이와 노랑이가 만나 얼싸 안으니 신기한 일이 벌어집니다. 둘이 자연스럽게 섞여 초록이 되어버린 거예요. 부모님은 초록이 된 채 각자 집으로 돌아온 파랑이와 노랑이를 알아보지 못합니다. 그들은 다시 자신의 색깔로 돌아가요. 파랑이와 노랑이는 각각 혼자 있을 때도 좋지만 하나가 되어 초록이 되는 경험도 꽤 신기하고 새롭습니다. 자신의 고유한 색깔을 드러내는 것, 둘이 만나 새로운 색깔을 만들어내는 경험은 '나'와 '너' 그리고 '우리'라는 의미를 마주하게 하네요.

**❶ 놀이는 살아있는 교과서입니다.**

놀이는 발달을 도와주는 중요한 장(場)이지요. 아이는 놀이를 통해 신체, 언어, 사회성 등 다양한 분야의 발달을 물 흐르듯 자연스럽게 이루어갑니다. 따라서 사회성을 높이기 위해서는 놀이의 교육적 효과에 대해 인지하고 적극적으로 활용해야 합니다. 아이들은 놀이를 통해서 자신의 행동을 조절하고 다른 사람과 효율적인 의사소통 방법을 배우니까요. 더불어 다른 사람의 감정을 이해하고 배려하는 경험도 하게 됩니다.

《파랑이와 노랑이》의 파랑이와 노랑이는 길에서 마주쳐 자연스럽게 뒤섞여 놀아요. 그 과정에서 나와 상대방의 특성을 알게 되고 둘이 섞이면 어떤 색이 나오는지도 경험하지요. 이것이 책상에 가만히 앉아있기만 해서는 배울 수 없는, 살아 있는 경험입니다. 나를 알고 타인을 알아가는 과정이 배움이고 사회성의 바탕을 이루는 귀한 경험이 되지요.

**❷ 친구의 장점을 찾아보도록 도와주세요.**

하버드 대학교 졸업생들을 20대부터 90대까지 75년간 추적 조사한 연구가 있습니다. 대학 졸업 후 무엇이 행복과 성공, 건강에 많은 영향을 미치는지에 대한 연구였습니다. 그 답은, '관계'였어요. 삶의 질을 높이는 데에 지대한 영향을 미치는 것이 인간관계입니다. 하지만 가장 많은 스트레스를 받는 것 또한 '관계'입니다.

이처럼 중요한 관계를 잘 맺어나가도록 하려면 나를 둘러싼 의미 있는 사람의 장점을 찾아봐야 합니다. 우리 뇌는 부정적인 것을 긍정적인 것보다 더 빨리 인식하며 두 배 더 오래 기억한다는 연구 결과가 있어요. 따라서 친구에 대한 긍정적 기억과 경험을 노출해주는 것은 참 중요한 문제입니다. 이를 통해 친구 관계에 대한 기대감을 느낄 수 있게 도와주세요. 자녀에게 칭찬이나 힘이 되는 말을 해준 친구, 어려울 때 도와준 친구의 이름을 떠올려보는 것부터 시작해보세요.

**❸ 다양한 연령층을 경험하게 도와주세요.**

다양한 연령층의 사람들과 만나고 관계를 맺을 기회를 주세요. 나보다 나이가 많은 사람을 통해서 관계의 여유로움과 융통성, 지혜 등을 경험할 수 있습니다. 어린 동생을 만날 때면 자신의 행동이나 말을 상황에 맞게 조율하는 경험을 할 수 있어요. 같은 나이 친구를 통해 경험해보지 못하는 것을 보고 들을 수 있습니다. 심리적인 공격을 받지 않으면서 친 사회적 기술을 익힐 수 있지요. 누군가에게 도움을 줄 수 있는 사람이라고 생각하고 그러한 행동에 대해 격려를 받은 경우, 자존감 향상과 함께 타인과 어울려 지내는 기쁨을 느낄 수 있습니다.

## 함께 읽으면 좋은 그림책

《색깔 손님》 안트예 담 글·그림 | 한울림어린이

《친구를 사귀는 아주 특별한 방법》 노턴 저스터 글·브라이언 카라스 그림 | 책과콩나무

《우리는 친구》 앤서니 브라운 글·그림 | 웅진주니어

# 분리 불안으로
# 힘든 아이

## 불안해하는 아이가 불안한 날의 엄마 일기

이번 주 분리수거를 하지 못했다. 가뜩이나 좁은 공간에 쓰레기가 가득 쌓여 있는 꼴을 보니 마음이 답답하다. 버리러 나가고 싶으나 갈 수가 없다. 6살 딸은 내가 보이지 않으면 굉장히 불안해한다. 놀이터에서도 늘 나를 데리고 다닌다. 내가 옆에 있는지 확인하느라 놀이에도 적극적으로 참여하지 못한다. 또래 친구들은 점점 혼자 노는 시간도 늘어가고 엄마 없이도 한동안은 시간을 보낼 수 있는 것 같은데 우리 아이만 왜 그런지 궁금하다. 밤낮없이 엄마를 찾는 아이, 어떻게 해주어야 할까? 무엇이 문제일까?

## 엄마 노트
- 부모와의 신뢰가 먼저입니다.

3월은 설렘과 긴장이 공존하는 시기입니다. 교사, 부모, 아이. 이들은 각자 자신에게 맡겨진 소임에 최선을 다하기 위해 꽤 많은 시간과 에너지를 모으죠. 이때 분리 불안으로 힘든 아이는 부모와 떨어져 낯선 공간에서 낯선 사람과 시간을 보내는 점이 쉽지 않습니다. 엄마와 떨어진다는 것은 상상도 안 해봤는데 갑자기 분리되어 뭐든 혼자 해야 하는 상황이 참 많이 불편하고 불안합니다. 아이는 자신을 둘러싼 모든 환경이 자신을 집어삼킬 것만 같은 공포를 느끼기도 합니다.

이를 지켜보는 엄마도 힘들기는 마찬가지지요. 교실 너머로 들려오는 아이의 울음소리를 뒤로하고 돌아설 때 마음은 참 불편하고 안타깝습니다. 아이의 울음소리만큼 고통스러우리라 생각하니 도대체 발걸음이 떨어지지 않습니다. 이런 아이와 엄마를 달래고 앞으로 적응시켜야 하는 교사의 어깨 또한 대단히 무거워집니다. 아직은 쌀쌀한 3월, 유치원 입학식 풍경이랍니다.

분리 불안을 느끼는 아이들이 보이는 몇 가지 증상은 이러합니다. 집이나 주요 애착 대상으로부터 분리될 것이라 예상되거나 실제로 분리를 겪게 될 때 반복적으로 과도한 고통을 느끼죠. 집이나 다른 곳에 혼자 있거나 주요 애착 대상이 없는 것을 지속해서 과도하게 두려워합니다. 두통, 복통, 구역질, 구토 등의 신체 증상을 겪기도 하지요.

대부분 아이는 분리 불안을 겪습니다. 만 3세 미만에서 주로 나타나고 시간이 지나면 차츰 좋아지지요. 물론 일부 아이들은 새로운 상황을 마주할 때 선천적 기질로 인해 불안과 공포를 더 많이 느끼고 분리되는 것에 취약할 수 있습니다. 어느 한 지역 사회 6세 쌍둥이 아동들을 대상으로 한 연구에서 분리 불안의 유전 가능성은 73%로 평가되었고 특히 여아에게서 보일 확률이 높았어요. 소심하고 수줍음 많은 아이의 성향은 분리 불안의 중요한 요인으로 꼽히기도 하지요.

분리 불안은 세상으로 나가는 과정에서 나타나는 자연스러운 모습입니다. 앞으로 다가올 어려움과 위험에 당당히 맞서보겠다는 용기와 결단의 의지를 보여주기 위한 과정이지요. 이러한 의지는 어떤 아이들에게 잘 보일까요? 바로 애착이 잘 형성되어 있는 아이에게서 볼 수 있는 반짝반짝 빛나는 보물 같은 것입니다. 애착이 잘 형성된 아이에게는 든든한 울타리가 존재

한답니다. 안전기지라고 할 만한 보이지 않는 마음의 힘이 강하게 자리하고 있는 것이죠. 그런 아이는 성장하면서 정상적인 두뇌발달을 이루어가는 가운데 아우성을 가라앉히고 스트레스를 조절하고 자기 통제를 한답니다. 부모의 일관성 있고 민감한 반응이 아이에게 믿음과 신뢰를 주고 세상을 향해 안전하다는 생각을 가지게 합니다. 이렇게 안정적 애착을 형성한 아이는 엄마가 잠시 보이지 않는다고 해서 세상이 무너져내릴 것 같은 불안과 혼돈 상태를 보이지 않습니다. 불안과 눈물로 뒤범벅된 새 학기 첫날이 아닌, 기대와 설렘으로 한 발짝 나아가는 모습을 가진 아이가 되기 위해 엄마는 오늘도 아이와 신뢰를 쌓아가야 합니다.

## 그림책 처방

《야호! 오늘은 유치원 가는 날》(염혜원 글·그림, 비룡소)은 엄마와 아들의 유치원 적응기를 담은 그림책이에요.

유치원 입학을 앞둔 아이들의 마음과 이를 지켜보는 엄마의 걱정스럽고 불안한 마음을 표현한 그림책입니다. 엄마는 도

시락을 싸면서도, 준비물을 챙기면서도, 집을 나서면서도 걱정이 이만저만이 아니네요. 그러나 산이는 그때마다 "엄마, 걱정하지 마세요. 잘할 수 있어요! 나 벌써 다섯 살이라고요!"라고 씩씩하게 외치며 자신만만합니다. 산이는 엄마보다 앞서 가서 새 친구에게 말을 건네기도 합니다. 그런데 교실 문에 들어서려는 순간, 산이는 덜컥 겁을 먹어요. 엄마는 웃으며 산이를 격려하고, 유치원 선생님은 산이에게 다가와 반갑게 인사를 건네는데요. 산이는 처음의 그 자신감을 되찾아 유치원에 잘 적응할 수 있을까요?

### ❶ 엄마의 불안과 과잉보호 정도를 점검해보세요.

> 완벽한 아이, 문제없는 아이는 세상에 없다.
> 아이의 문제를 일일이 고쳐주고 잘못을 통제하려 하면
> 영원히 품 안에만 둬야 한다.
> 도리어 부모의 분리 불안이 된다.
> ● 소아정신과 전문의 서천석 박사

분리 불안을 보이는 아이의 양육자를 보면 과잉보호를 하는 경향성이 있습니다. 아이의 의존성향을 높이는 중요한 요인이 되기도 하지요. 아이와의 대화 속에 무의식적으로 하는 말을 잘 생각해보세요. 새로운 환경에 노출되는 것에 불안해하거나 사

회를 두렵고 무서운 존재로 인식하게 만드는 언어 습관이 있지 않은지 살펴보세요.

《오늘은 유치원에 가는 날》에 등장하는 엄마를 떠올려볼까요. 엄마가 아이보다 불안해하고 걱정하는 모습이 아이에게 어떻게 비칠까요? "위험해." "다쳐." "엄마랑 꼭 같이 가야 해"와 같이 세상에 혼자 나가는 것에 대해 불안을 높이는 말을 먼저 던지는 것은 아이의 불안함과 의존적인 성향을 높이는 지름길입니다.

"할 수 있어." "한 번 해보자." "괜찮아" 같은 말을 많이 들려주세요. 아무리 떨리고 힘든 순간이라도 나를 믿어주고 지지해주는 누군가가 있다는 것은 도전하게 만드는 강력한 동인이 될 수 있습니다. 아이가 잘 해낼 수 있을 거라고 무작정 믿어주는 믿음이 아이를 성장시킬 것입니다. 지금 겪는 약간의 고통과 불안을 조금씩 이겨나가 보아야 내면의 힘이 단단한 어른으로 성장할 수 있습니다. 행복은 저절로 찾아오는 것이 아니라 의지와 노력이 동반되어야 해요.

**❷ 따뜻하고 친밀한 관계가 먼저입니다.**

깊고 친밀한 관계는 사람을 변화시킬 수 있습니다. 불안이 내려가고 원초적인 감정에 충실할 수 있게 돼요. 자녀와 따뜻하고 친밀한 관계를 맺어가길 권합니다. 아이의 불안에 집중하기보다 아이와 많은 시간을 함께 보내며 다양한 감정을 함께 느껴보는 것을 권합니다. 아이가 자신의 다양한 감정을 존중받는다는 느낌이 들 수 있도록 도와주면 좋습니다. 그래야 불안한 마음도 자연스럽게 표현해볼 수 있거든요. 불안하다고 해서 세상이 무너지는 것은 아니라는 것을 알려줄 필요가 있습니다.

### ❸ 점진적으로 둔감해질 수 있도록 훈련해보세요.

아이가 분리 불안을 느끼는 상황을 잘 관찰하고 점진적으로 둔감해질 수 있도록 훈련해보는 것도 좋습니다. 예를 들어 어린이집에서 생활하는 시간을 1시간에서 2시간, 이렇게 점진적으로 시간을 늘려보는 것이 좋아요. 또는 엄마와 분리되는 시간을 점진적으로 늘려나가 보세요. 처음에는 죽을 것처럼 힘들다고 느끼고 극단적으로 표현할 수 있습니다. 하지만 점점 불안을 느끼는 정도가 감소할 수 있으니 자신감을 가지고 차츰 시도해보세요.

그림책《엄마 껌딱지》의 주인공은 엄마 품에서 노는 것을 가장 편안해하고 즐거워해요. 엄마와 분리된 자신의 모습을 상상할 수 없답니다. 하지만 친구와 놀다 자신도 모르게 새로운 친구를 만나 놀이에 빠져 엄마와 자연스러운 헤어짐을 경험한답니다. 조금씩 엄마 품에서 빠져나와 더 넓은 세상을 경험하는 일은 도전의식과 기쁨을 줄 거예요.

**함께 읽으면 좋은 그림책**

《엄마 껌딱지》 카롤 피브 글·도로테 드 몽프레 그림 | 한솔수북

《엄마 아빠랑 떨어지기 싫어!》 코넬리아 스펠만 글·캐시 파킨슨 그림 | 보물창고

《한숨구멍》 최은영 글·박보미 그림 | 창비

## 10장

# 조금 느린 아이

## 느린 아이가 답답한 날의 엄마 일기

아침에 눈을 떠서 유치원에 보내기까지, 늘 전쟁통이다. 세수하고 아침 먹여서 옷 입히고 셔틀버스를 향해 가는 과정이 이리도 길고 긴 시간이 걸릴 거라고는 아이를 낳기 전에는 미처 상상하지 못했다. 처음에는 아이가 서툴러서 늦는 거라고 생각하고 기다려주었다. 그런데 시간이 지나도 크게 변하지 않는 느낌이다. 오히려 내 마음이 급해 이것저것 챙겨주다 보니 아이는 스스로 할 수 있는 일들도 미루고 여유를 부리는 것 같다. 참다못해 소리를 지르고 나니 미안한 마음도 들고 아이가 크게 달라지지 않는 것 같아 신경이 쓰인다. 선천적으로 느린 성향의 아이인 건지, 발달이 느린 편인 건지… 아이를 볼 때마다 답답하다.

아이는 작고, 제 몸에 대한 통제력이 부실하며 세상을 충분히 알고 영향력을 발휘하기에는 제한적입니다. 그래서 아이는 낯선 세상에 맞서 자신의 감정을 표현하고 세상을 알아나가는 과정이 낯설고 두렵기도 합니다. 불편하고 어색하고 한 걸음 내딛는 데에도 커다란 고민과 결단이 필요할 때가 있습니다. 그래서 행동이 느려지기도 하고 뒷걸음치기도 합니다. 이 시기 아이들은 서툴고 느린 것이 당연하나 유독 느린 유형의 아이가 있다면 그 원인을 알아보는 것 또한 의미가 있다고 봅니다.

느린 아이의 원인은 느린 발달이라는 선천적인 기질에 기인할 수가 있습니다. 소아청소년과 전문의 김영훈 교수에 의하면 느린 아이일수록 복측피개 영역과 측좌핵 등 도파민 관련 뇌 영역의 보상 활성도가 낮다고 합니다. 즉 보상을 추구하는 정도가 낮다는 것입니다. 도파민이 증가하면 보상을 받으려는 동기가 강해집니다. 이는 과제에 몰두하는 경향이 높아지게 만들죠. 느린 아이들은 보상 활성도가 낮으므로 중간에 과제를 포기하는 일이 잦고 쉽게 짜증을 내기도 합니다. 전반적으로 느린 발달을 보이는 아이는 행동이 느린 것처럼 보입니다. 상황 파악 능력, 과제 이해도, 수행 능력이 모두 느리지요.

두 번째, 환경적 요인입니다. 가만히 있어도 부모가 자기를 대신해 모든 일을 처리해주었다면 능동성과 적극성, 민첩성을 키울 기회가 부족합니다. 그러다 보면 자신이 하는 것보다 능숙하게 처리해주는 누군가의 도움을 기다리는 것이 더 익숙해집니다. 일부러 느리게 과제를 수행하다 보면 어느새 자신을 도와주는 재빠른 손길의 도움을 받는 경험이 누적됩니다. 이런 경험은 느린 것을 의도적으로 선택하는 양상을 유도하기도 합니다.

이와는 반대로 억압하거나 재촉하는 부모의 양육 태도도 영향을 미칠 수 있어요. 아이의 자아를 위축시키는 부모의 말과 행동은 아이를 소극적이면서 타율적인 모습으로 성장시킬 수 있습니다. 부모의 눈치를 많이 보는 환경에서 속도감 있게 일을 추진하고 실행해보는 일은 생각하기 어려운 과제입니다. 심리적 억압 상태를 조성하는 부모의 양육 태도를 먼저 점검해보는 것이 필요합니다.

세 번째, 정서적인 문제에 따른 행동의 결과일 수 있답니다.

아이가 우울한 상태에 놓여있거나 ADHD(주의력 결핍 과잉 행동 장애)로 과제에 집중하지 못할 수 있어요. 우울한 아이는 매사에 관심과 흥미가 없기에 반응도 집중력도 떨어집니다. 속도가 느리거나 방향성에 문제가 생길 수 있어요. 또는 완벽주의 성향의 아이인 경우도 느리게 보일 수 있지요. 실수나 실패를 두려워해 꼼꼼하게 일을 처리하거나 세세한 부분에 지나치게 집중하는 경우 속도가 매우 느려질 수 있습니다. 얽혀있는 원인과 조건을 세심하게 살펴보고 분석해볼 필요가 있습니다.

## 그림책 처방

《달팽이》(김민우 글·그림, 웅진주니어)는 느려서 형에게 뒤처진 동생이 느릿느릿 자기만의 속도로 가면서 생각지 못한 풍경을 마주하게 되는 이야기입니다.

작은 아이가 자전거를 타고 어디론가 가고 있어요. 빨간 모자가 달팽이 등껍질을 연상시키네요. 아이는 형을 따라 자전거를 타고 나섭니다. 형이 바람처럼 내달리는 두발자전거 속도를 이 아이는 따라가지 못해요. 답답한 형은 쌩하니 사라져버려요. 형에 대한 서운함과 자신의 속도가 느린 것에 대한 실망감을 가지고 집으로 돌아오는 길. 그 길에서 느릿느릿 움직이는 달팽이를 발견합니다. 빠르게 앞만 보고 달려갈 때는 보지 못했던 달팽이가 천천히 자신의 속도로 가다 보니 눈에 띕니다. 느리지만 꾸준히 자신의 속도대로 가려고 애쓰는 달팽이를 통해 아이는 위로를 받습니다.

**❶ 아이가 좋아서 하는 일을 찾아주세요.**

그림책 《나무 늘보야, 어디가?》의 주인공 나무늘보는 매사 느린 행동 때문에 친구와 할 수 있는 일이 별로 없었어요. 그런데 나무늘보가 좋아하는 수영을 통해, 조금 느리지만 친구들과 짜릿하고 유쾌한 시간을 보냅니다. 무슨 일을 하든 즐거움과 재미가 있다면 동력을 낼 수 있답니다. 느린 아이의 경우 어떤 일에든 적극적으로 나서서 해내려고 하는 의지가 부족한 경우가 많아요. 이런 아이를 속도가 느린 것에 집중해 다그치다 보면 생활 전반에 의욕이 사라지기 쉽습니다.

아이가 즐거워하는 일을 찾는 데서 출발해보세요. 흥미를 느끼고 시작한 일은 마무리를 하기까지 큰 노력을 들이지 않아도 되고 그 과정에서 성취감을 느끼기도 쉽지요. 어떤 영역에서 능숙함을 경험하고 자신감을 느끼게 된다면 충분히 다른 영역으로 적용할 수 있어요. 아이가 잘하는 것, 좋아하는 일을 먼저 찾아보자고요.

**❷ 아이의 느림을 인정해주세요.**

느린 아이들은 어려운 과제와 마주치면 쉽게 포기하거나 부모에게 의존하려는 경향을 강하게 보입니다. 부정적으로 누적된 경험을 통해 자신의 과제 수행 능력에 대한 기대감이 낮지요. 이런 경우 아이의 감정을 이해하고 존중하는 것이 먼저입니다. "이게 뭐가 어려워, 친구들 봐봐. 다 하잖아!"와 같이 아이의 자존심을 깎아내리는 말을 조심해야 합니다. 이런 말로 아이를 움직일 수 없다는 것을 우리는 이미 알고 있어요. "아직 좀 어려운 일이지? 겁이 나는구나. 하고 싶은데 잘 못할까 봐 걱정되는구나?"와 같이 아이 마음을 읽어주는 말로 시작해보세요.

**❸ 천천히 되는 일은 단단합니다.**

《달팽이》의 주인공은 형보다 느리다는 이유로 자신에 대한 실망감과 형에 대한 서운함을 느낍니다. 하지만 곧 길가에서 발견한 달팽이 한 마리를 통해 위로를 받지요. 아이는 스스로 자신을 위로해줄 대상을 찾아내는 능력을 발휘한 것입니다.

부모의 조급한 마음을 절대 드러내지 마세요. 아이에게 하지 않아도 될 말을 하며 상처 주지 않기로 약속해요. 아이를 정말로 사랑한다면 아이의 느림을 이해하고 기다려주고 지켜봐 주세요. 천천히 이루어지는 일은 단단합니다.

## 함께 읽으면 좋은 그림책

《달팽이 학교》 이정록 글·주리 그림 | 바우솔

《느림보 왕자》 시빌레 하인 글·그림 | 달리는곰셋

《나무늘보야, 어디가?》 오무라 도모코 글·그림 | 시금치

## ○ 우리 아이 발달 이해하기 ○

### No. 2 유치원 교육 창시자 프리드리히 프뢰벨 (1782~1852)

"그래도 나는 자유롭게 사고하는 자주적인 인간을 교육하련다."

프뢰벨은 독일 교육 사상가이자 유치원의 창시자다. 페스탈로치의 사상을 계승하여 포괄적이고 독창적인 유아교육 이론으로 발전시켰다. 프뢰벨의 유치원은 체계적인 유아교육 과정과 훈련받은 교사에 의해 교육이 진행되었다는 점에서 최초의 유아교육 기관이라고 할 수 있다. 프뢰벨의 유치원 교육은 교육 내용과 교수 방법 및 교구를 체계화했다는 점에서 의의가 있다.

인간의 교육은 발달에 입각하고 각각의 시기에 정신과 신체의 요구에 따라 이루어져야 하므로 교육 활동은 아이의 본성을 자유롭게 펼칠 기회를 주어야 하고, 많은 경험을 제공해야 한다.

프뢰벨은 자연의 질서를 파악하는 것이 유아기 교육의 기초라 보고 이를 도와줄 수 있는 가장 중요한 존재인 부모와 가정의 역할을 중요하게 보았다. 이와 더불어 자기표현을 할 기회를 주는 것이 가장 자연스러운 과정이라고 보았다. 즉 자연스러운 자기 활동적 인간을 기르는 것이 교육의 목적이라 보았다. 이를 위해 그는 '놀이'가 유아교육의 주요 방법이 되어야 한다고 생각했다.

프뢰벨은 이러한 자신의 교육 목표를 실현하기 위해 신으로부터 받은 선물이라는 의미가 있는 놀잇감 '은물(Gift): 은혜로운 물건'을 고안했다. 은물은 감각기관 훈련, 수학적 개념 발달, 자기활동을 유도한다. 은물을 통해 자연의 원리를 알고 통찰력이 생기며 우주의 진리를 깨우칠 수 있게 된다는 것이다. 추상적이고 상징적인 형태로 제시되어 있는 은물(가베)을 통해 수와 형태에 대해 알아가도록 했다.

타고난 본질을 왜곡하지 않으며 타고난 본질이 잘 발현될 수 있도록 도와주고 보호해야 하는 것이 교육이라고 보는 프뢰벨의 사상은 오늘

날 우리 아이를 교육할 때도 적용해볼 수 있는 철학이다. 아이의 내적인 면을 고려하지 않은 채 성인의 잣대 일반적인 기준을 가지고 규정하는 모습을 보여주는 것은 아이를 부정하고 파괴하고 방해하는 지름길임을 기억해야 할 것이다.

# Part 3

# 아이 습관 형성을 돕는 것이
# 육아의 시작이다

## 1장

# 질문 좀 하는 아이

## 아이의 질문에 생각이 많은 날의 엄마 일기

요즘 부쩍 질문이 많아진 딸아이와 이야기하는 재미가 있다. "밤에는 왜 달님이 나오는 거야?" "개구리는 왜 개굴개굴하며 울어?" "파리는 왜 손을 비비고 있어?" "다람쥐는 왜 볼이 불룩해?" 끝도 없이 쏟아지는 아이의 질문에 대답을 하다 보면 이제껏 당연하게 여겼던 것들을 다시 보게 된다. 질문의 힘을 느낀다. 어떻게 하면 이렇게 아름다운 아이의 호기심과 질문을 지속할 수 있을까?

## 엄마 노트

– 아이에게 질문해주세요.

이 우주가 우리에게 준 두 가지 선물
사랑하는 힘과 질문하는 능력

● 메리 올리버 《휘파람 부는 사람》

영유아기는 질문이 폭발적으로 증가하는 시기입니다. 이는
세상과 자연에 대한 호기심과 새로운 상황을 이해하려는 인지
가 움트는 시작점이기도 합니다. 따라서 아이가 던지는 다양한
질문은 상상력과 창의력, 자기 주도성을 발휘하는 힘의 기초가
됩니다.

"사과가 왜 떨어지지?" "인간이 새처럼 날 수 있을까?" "바다
끝에는 무엇이 있을까?"와 같은 질문은 역사적으로 과학, 지리,
역사 등 다양한 분야에서 획기적인 변화를 가져왔어요. 호기심
이 많은 아이였던 아인슈타인의 끝없는 질문은 시대를 바꾸고
삶을 바꾸었습니다. 에디슨의 지칠 줄 모르는 시도와 질문은 인
류에 지대한 영향을 끼칠 만한 발명품을 만들어냈지요. "왜?"라
는 물음표를 허락할 때 진보와 변화가 시작됩니다.

질문을 바탕으로 한 배움의 과정을 중시한 유대인들의 하

브루타 교육방식은 탁월한 교육법으로 알려져 있어요. 그들의 "왜?"라는 질문으로 이어나가는 탐구 방식은 생각의 깊이를 더해주고 뇌를 살아나게 합니다. 질문은 인간의 사고를 자극하고 집중시키고 생각하지 못했던 것을 발견하게 도와줍니다. 또한 지적 호기심과 공부 두뇌를 깨우는 실마리가 됩니다.

우리는 학교에 다녀온 아이에게 두 가지 질문을 할 수 있습니다. "오늘은 뭘 배웠어?"라는 질문과 "오늘은 무슨 질문을 했니?"라는 질문입니다. 첫 번째 질문과 비교하면 두 번째 질문은 학습자의 능동성을 전제합니다. 수동적으로 지식을 받아들이는 태도가 아닌 적극적으로 알아가려는 태도를 지니고 있는지 확인하는 것이지요. 아이에게 던지는 한마디가 아이를 배움의 주인공으로 만들 수도, 수동적인 지식 수용자로 만들 수도 있습니다.

미국 미식축구팀 코치 루 홀츠는 이렇게 말합니다. "나는 말을 해서 배운 것은 하나도 없다. 오로지 질문할 때에만 무언가를 배운다." 질문은 단순히 정답을 도출하는 수단이 아닙니다. 질문하는 과정에서 아이들은 생각의 통로를 알고 관심거리를 분류할 수도 있고 관심 분야를 넓혀가기도 합니다. 질문하는 그 마음 자체가 소중하고 중요한 성장 요인입니다. 빠른 정답 찾기에 매몰되어 자신이 무엇을 아는지 모르는지, 무엇을 궁금해하는지

조차 모른 채 경쟁적으로 달려나가지 않도록 아이의 질문에 귀 기울여주세요. 부모의 질문은 아이의 타고난 능력을 꽃피우도록 도와줍니다.

## 그림책 처방

《지렁이 칼의 아주 특별한 질문》(데보라 프리드만 글·그림, 비룡소)은 땅속에 살면서 매일같이 땅을 파는 지렁이에게 들쥐가 한 가지 질문을 던지면서 이야기가 시작됩니다. 들쥐의 질문을 통해 모든 생명체는 소중하다는 걸 일깨워주는 그림책이에요.

매일같이 땅을 파는 지렁이 칼에게 지나가던 들쥐가 묻습니다. "왜 그런 일을 하는 거야?" 이 질문에 대해 선뜻 대답하지 못한 지렁이는 답을 찾기 위해 길을 떠나지요. 귀엽고 사랑스러운 아기 토끼를 위해 열심히 일하는 토끼, 먹이를 사냥하기 위해 매일같이 일하는 여우를 만나서 그들이 하는 일의 의미를 알게 돼요. 하지만 여전히 자신이 하는 일에 대한 이유를 찾는 데는 시간이 걸릴 듯하네요. 지렁이 칼은 들쥐의 질문에 대한 답을 찾을 수 있을까요? 과연 지렁이가 매일같이 땅을 파는 이유는 무엇이었을까요?

**❶ 질문 놀이로 질문하는 즐거움을 경험하게 해주세요.**

"내가 좋아하는 음식은?"

"엄마가 키우고 싶은 동물은?"

"아빠는 어떤 동물과 비슷하게 생겼어?"

"세상에서 가장 넓은 나라는?"

이렇게 질문을 이어가는 것만으로도 흥미를 느낄 수 있답니다. 질문을 생각해 는 것만으로도 수렴적 사고에서 확산적 사고를 할 수 있도록 돕습니다. 스무고개, 수수께끼 같은 놀이도 좋아요.

**❷ 아이의 질문을 경청해주세요.**

아이가 한 질문이 귀찮고 대답하기 어렵다는 이유로 대답을 미루거나 대충 흘려버리지 마세요. 모든 질문에 정답을 말해줄 필요는 없어요. 아이가 한 질문에 대해 "너는 어떻게 생각하니?"라는 반응을 보여주는 것만으로도 아이의 질문 세포는 활발한 분열을 일으켜 나갑니다. 아이가 스스로 생각하도록 돕는 것은 훌륭한 성장 파트너로서 갖춰야 할 덕목이거든요. 호기심이 폭발하고 적극적으로 질문하는 시기가 영원히 지속되지는 않습니다. 아이의 질문이 시작된 시점을 소중히 여기고 그 씨앗이 자라 열매를 맺을 수 있도록 격려하고 반응해주세요.

### ❸ 그림책을 이용해보세요.

그림책은 아이와 대화를 나누기에 좋은 매체예요. 그림책을 읽는 사람은 그림이 보여주는 의미를 자유롭게 상상하고 상황에 따라 얼마든지 다양하게 해석할 수 있습니다. 아이의 생각을 물어볼 수 있는 좋은 도구이기도 하지요. 길을 잃고 어리둥절한 표정을 짓고 있는 그림책 주인공을 보면서 "나라면 어떻게 할까?" "엄마라면 주인공에게 어떤 이야기를 해주고 싶은가?" "나도 비슷한 상황을 겪은 적이 있나?" 이런 질문을 통해 자기 중심성에서 벗어나 다양한 상황과 시각에서 문제를 바라볼 수 있게 도와주세요. 질문을 통해 이제껏 생각해보지 않았던 영역으로 확대된 사고를 경험할 수 있도록 인도해주세요. 그림책은 부모와 자녀 사이에 대화의 물꼬를 틔우고 더 깊이 있는 대화로 향하게 하는 마중물입니다.

## 함께 읽으면 좋은 그림책

《나의 첫 질문 책》 레오노라 라이틀 글·그림 | 우리학교

《질문하는 우산》 알렉스 쿠소 글·에바 오프레도 그림 | 위즈덤하우스

《왜냐면…》 안녕달 글·그림 | 책읽는곰

## 2장

# 오늘의 거짓말

## 아이의 거짓말이 궁금해진 날의 엄마 일기

동네 엄마랑 이야기하다가 깜짝 놀랐다. 우리 아이가 거짓말 하고 다녔다는 것을 알게 된 것이다. 다친 적이 없는데 다리를 다쳐 깁스해야 한다는 둥, 아빠가 농구 선수라는 둥, 이런저런 그 나이 아이들이 재미 삼아 자랑삼아 이야기할 만한 것들을 상상해서 말한 것 같다. 그런 깜찍한 생각을 해낸 것이 귀엽다가 도 왜 이런 거짓말을 했는지 궁금하기도 하고 이런 부분은 아이 와 어떻게 이야기해야 할지 고민이다.

## 엄마 노트

### - 왜 거짓말을 할까요?

> 생각이 잘 안 날 때 혼나고 싶지 않을 때
> 미움받고 싶지 않을 때 슬프게 하고 싶지 않을 때
> 진짜처럼 보이고 싶을 때 무언가를 지키고 싶을 때
> 사람은 거짓말을 한다.
>
> ◦ 나카가와 히로타카 《거짓말》

거짓말 증후군, 리플리 증후군이라는 말을 들어본 적 있나요? 스스로 지어낸 거짓말을 믿는 정신 상태를 말합니다. 미국의 범죄소설 《재능 있는 리플리 씨》(1955)에서 주인공 리플리의 위선적인 말과 행동에서 유래했어요. 끝없는 거짓말과 그 속에서 거짓말이 사실인 듯 믿고 살아가는 그의 모습은 우리 주변에서도 어렵지 않게 만날 수 있습니다. 유명인의 학력위조, 가짜 명품 가방과 옷을 걸치고 부를 과시하는 행동, SNS에 올릴 그럴 듯한 사진을 만들어내기 위해 거짓 앵글을 만들어내는 행동들을 보면서 우리는 많은 피로감을 느낍니다.

이러한 거짓된 행동과 말을 하는 이유는 무엇일까요? 낮은 자존감, 열등감과 부모의 과한 기대와 성취욕, 무한경쟁과 스트레스를 들 수 있어요. 타인과 자신을 비교하며 부족한 부분을 채우기 위해 거짓말로 진실을 포장하다 보면 어느새 거짓이 진실인 듯 믿게 되는 상황을 만나게 되고 이는 또 다른 거짓말을 만들어내지요.

사람은 얼마나 거짓말을 할까요? 이에 대해 조사한 연구가 있어요. 미국 서던 캘리포니아대학의 심리학자 제럴드 제이슨의 연구 결과, 사람은 하루에 평균 200번의 거짓말을 하고 시간으로 따지면 약 8분에 한 번꼴로 거짓말을 하고 있다고 합니다.

인간은 보통 만 3세가 되면 거짓말을 시작하는데 대개는 반사적인 자기 회피의 언어라고 볼 수 있습니다. 혼날까 두려워 자신을 방어하기 위한 기제로 사용하는 것이 거짓말이라는 것입니다. 워털루대학교 연구팀의 연구 결과, 4살은 두 시간에 한 번, 6살은 90분에 한 번씩 거짓말을 하는 것으로 나타났답니다. 반면 10살 이후가 되면 거짓말 빈도수가 줄어드는데 이는 거짓말이 가져올 부정적 상황을 인지하기 때문이라고 합니다.

순수하기만 하던 아이가 거짓말을 시작하는 순간, 부모는 꽤 당황스럽고 혼란스럽습니다. 모른 척 내버려 두었다가 걷잡을 수 없는 상황으로 치닫는 건 아닐까 두려운 마음이 들기도 하고요. 마냥 넘어갈 수도, 무조건 엄하게만 대할 수도 없는 거짓말, 이유를 알고 슬기롭게 지도해야 합니다.

## 그림책 처방

《왜 거짓말을 할까?》(안체 담 글·그림, 위즈덤하우스)는 진실과 거짓말에 대해 다각도로 생각하고 토론해볼 수 있는 그림책입니다.

사람은 누구나 거짓말을 할까? 거짓말을 볼 수 있을까? 거짓말을 하면 왜 얼굴이 빨개질까? 말하지 않는 것도 거짓말일까? 이처럼 거짓말과 진실에 관해 생각해보는 48개의 질문을 담은 그림책입니다. 일상에서 마주하게 되는 거짓말에 우리는 서로 신뢰가 깨지는 순간을 경험하고 실망과 부끄러움을 느낍니다. 이 책은 거짓말에 대해 다양한 시각으로 생각해볼 수 있도록 이끌어줍니다. 거짓말에 대해 서로 고민하고 답해보는 과정에서 진지한 나눔이 이루어질 수 있습니다.

❶ 솔직함을 칭찬해주세요.

거짓말을 의도적으로 하는 경우가 아니라면 아이가 거짓말을 하게 될 상황을 부모가 차단할 수 있습니다. 예를 들어 아이가 실수로 꽃병을 깨뜨렸다고 해볼까요? 이때 "이 꽃병 누가 깨뜨렸어? 조심하라고 했는데 왜 깨뜨렸어?" 이렇게 말을 하면 아이는 혼날 것이 두려워 빤히 보이는 거짓말을 하기 쉽습니다. "내가 안 그랬어, 동생이 지나가다가 넘어뜨린 거야." 이런 식으로 반응하는 것을 습관화하다 보면 점점 더 고착될 수 있습니다. 아이의 두려운 마음을 먼저 이해하고 실수하지 않도록 조심하자고 일러주는 선에서 멈추어야 합니다. 그래야 아이가 솔직하게 자신의 잘못을 말할 용기를 갖게 됩니다. 솔직함이 가져오는 결과가 거짓말을 했을 때 비해 덜 피곤한 상황이 되어야 합니다.

**❷ 양심에 관한 이야기를 나눠보세요.**

《머리가 좋아지는 약》에 등장하는 고릴라 모자키는 코딱지를 파다가 올빼미에게 들켜 거짓말을 합니다. 코딱지는 머리가 좋아지는 약이라고 말이죠. 이 이야기는 숲속에 모두 퍼져 동물 친구들은 각기 자신이 가장 소중히 여기는 것을 가져와 고릴라의 코딱지와 바꿔갑니다. 거짓말을 한 것이 마음에 걸린 모자키는 죄책감에 몸져눕게 되지요. 그러자 동물 친구들은 몰려와 자기들이 가장 소중하게 여기는 약을 기꺼이 내어놓습니다. 바로 고릴라에게 받은 코딱지죠. 그러자 모자키는 친구들에게 자신이 거짓말했음을 솔직하게 말합니다. 남을 속이는 일이 가져오는 문제 중 가장 근원적인 부분인 양심과 죄책감에 관해 이야기해보세요.

**❸ 아이 스스로 생각할 기회를 주세요.**

《100개의 달과 아기 공룡》의 주인공 아기 공룡은 하늘에 탐스럽게 떠 있는 100개의 달을 보고 엄마에게 먹고 싶다고 말해요. 엄마는 달을 따먹으면 하늘이 어두워질 테니 먹지 않는 것이 좋다고 하죠. 하지만 공룡은 노랗게 빛나는 달을 먹고 싶은 마음에 엄마에게 거짓말을 하고 몰래 따먹습니다. 하나, 둘… 한번 먹기 시작하자 멈출 줄 모르고 100개의 달을 모두 다 먹어버려요. 그러자 세상은 어두워지고 아기 공룡의 배는 아파옵니다. 그리고 엄마에게 거짓말을 했다는 사실 때문에 아기 공룡의 마음에는 불안함이 가득해지죠. 이를 본 엄마는 왜 거짓말을 했냐고 추궁하지 않고 그런 아기 공룡을 그저 바라봐줍니다. 그리고 스스로 해결할 수 있는 시간을 허락합니다. 아기 공룡은 그 시간을 통해 자신의 거짓말이 어떤 상황을 가져왔는지 그리고 앞으로 어떻게 행동해야 하는지 깨닫게 됩니다. 아이에게는 스스로 생각하며 답을 찾아가는 시간이 꼭 필요합니다.

《100개의 달과 아기공룡》 이덕화 글·그림 | 위즈덤하우스

《머리가 좋아지는 약》 히라타 아키코 글·다카바타케 준 그림 | 북뱅크

《이건 내 모자가 아니야》 존 클라센 글·그림 | 시공주니어

## 3장

# 기본 생활 습관
# 여든까지 간다

### 손이 많이 가는 아이가 걱정인 날의 엄마 일기

아이의 일상에 여전히 나의 손길이 필요한 곳이 많다. 밥 먹는 것부터 옷 입기, 신발 신기, 양치질까지 아이에게 맡겨두면 시간이 오래 걸려 매번 해주다 보니 이젠 이 모든 일이 으레 내 일이 되어버렸다. 아직 어리니까 내가 해주는 것이 편하기도 하고 아이가 완벽하게 하지 못할 것이 걱정스러워 해주고 있다. 점점 아이가 혼자 할 수 있는 일이 많아져야 정상일 텐데 아직 아이에게 맡기기가 마뜩잖다. 생일이 늦어 또래보다 늘 미숙하다고 생각해서 아이의 손과 발이 되어주었는데 갈수록 또래들에 비해 혼자 할 수 있는 일이 적은 것 같아 걱정이다.

## 엄마 노트
– 습관이 아이를 만들게 하세요.

처음에는 우리가 습관을 만들지만
그다음에는 습관이 우리를 만든다.
● 존 드라이든

기본 생활습관이란 반사 행동과 달리 출생 후 환경과 상호작용을 통해 형성됩니다. 유아기에 형성된 기본 생활습관은 좀처럼 변하지 않고 이후 삶에 지속적인 영향을 미치지요. 이는 인격 형성과 사회성 발달에까지 영향을 주기 때문에 유아기 기본 생활습관 형성은 무엇보다 중요한 발달 과업이라 할 수 있어요.

이 시기 기본 생활습관 형성은 자율성과 독립성 형성과 밀접한 관련이 있습니다. 혼자 밥 먹기, 옷 입기, 손발 씻기, 세수하기, 양치질하기 등과 같은 행위를 스스로 할 수 있게 되는 과정은 자존감 형성에 많은 영향을 미칩니다. 따라서 아이가 도움을 요청하지 않은 상황에도 혼자 할 기회를 주지 않는 것은 유아기에 형성되어야 할 자조(自助)기술뿐 아니라 심리적·정서적 유능감을 놓치게 만들 수 있습니다.

기본 생활습관을 형성해야 하는 또 다른 이유는 정서적 안정감에 있습니다. 예측이 가능한 규칙적인 일과는 아이에게 정서적 안정감을 줍니다. 식사 후 양치질을 하고 바깥 활동 후 집으로 돌아오면 손을 씻는 습관과 정해진 시간에 잠자리에 드는 일련의 생활 습관을 통해 아이는 자신의 생활을 통제하고 조절해나가는 경험을 합니다. 이를 통해 자기통제력과 자기 절제력을 기르게 되며 이는 이후 학습을 하거나 다른 사람과 관계를 맺어나가는 과정에서 편안한 관계 맺기를 도와줍니다.

이렇게 중요한 기본 생활습관을 어떻게 지도해야 할까요? 특정 행동을 했을 때 지나친 외적 자극으로 보상하다 보면 점차 보상 없이 움직이지 않는 결과를 가져옵니다. 또는 엄격한 기준과 잣대를 가지고 검사하고 지도하다 보면 '검사'하는 상황에서만 행동하게 됩니다. 따라서 좋은 생활 습관을 들이는 내적인 이유가 분명히 자리잡도록 도와주어야 합니다.

자신을 위해, 함께 사는 우리를 위해 하기 싫어도 해야 하는 일들이 있어요. 어떤 일들은 어른들의 편의를 위해 어쩔 수 없이 해야만 하는 것들도 있지요. 이 과정에서 아이가 느끼는 거부감을 이해해주면 좋겠습니다. 그것만으로도 아이의 마음에서 이는 반항심이 기꺼이 하겠다는 마음을 먹도록 하기도 하니까요. 명령과 협박이 아닌 재미 요소를 활용해보세요. 재미있게 습관을 들이고 나면 습관이 아이를 만들어나가게 마련입니다.

## 그림책 처방

《번개 세수》(함지슬 글·김이조 그림, 책읽는곰)에는 세수를 하기 싫어하는 아이가 세수 괴물을 만나 결국 즐겁게 세수를 하게 되는 과정을 그린 책이예요.

책의 표지에 그려진 아이 얼굴에는 불만스럽고 화난 표정이 가득합니다. 세수하기 싫은 아이의 마음을 잘 표현해 놓았네요. 이 그림책은 귀찮고 재미없고 가끔은 무섭기도 한 세수를 짧고 즐겁게 끝낼 수 있는 간단 하면서도 기막힌 비법을 제시하고 있답니다. 그 비법은 바로 책의 제목처럼 '번개 세수'입니다. 세수하는 모든 과정을 번개처럼 짤막하게 끊어서 하는 것이에요. 정색하고 올바른 과정대로 하면 귀찮은 '의무'가 되지만, 짧게 끊어서 빠르게 움직이는 것을 반복하다 보면 세수도 즐거운 '놀이'가 될 수 있답니다.

**❶ 기본 생활습관의 의미에 대해 알려주세요.**

습관을 형성할 때는 무엇이 중요할까요? 행동만을 반복적으로 학습시키는 것은 유의미한 교육 효과를 거둘 수 없습니다. 기능적인 측면에만 치우친 교육은 내면화가 이루어지지 않은 채 행동의 변화만 요구하다 보니 행위의 지속성을 유지시키기 어렵지요. 이럴 때 《멍멍 의사 선생님》의 선생님 설명을 듣다 보면 저절로 고개가 끄덕여지는 부분이 생깁니다. 자연스럽게 설득이 되지요. 아이를 설득시키고 의미를 알려주세요. 청결을 유지하고 건강한 생활을 유지하기 위한 습관을 형성하는 것이 건강하고 안전한 생활에 도움이 되는 일이라는 것을 아이들 눈높이에서 알기 쉽게 설명해주세요. 이해가 된 행동은 지속성을 높인답니다.

**❷ 아이의 눈높이에서 설명해주세요.**

기본 생활 습관은 규칙성과 일관성을 전제로 하지요. 재미도 의미도 없는 일을 매일같이 하는 것은 아이 편에서 반갑지 않은 일이랍니다. 그래서 아이의 눈높이를 맞춰주고 설득하는 과정이 필요합니다. 이를 닦는 일 또한 어린 친구들에게 꽤 귀찮은 일이지요. 어떻게 하면 안 하고 넘어갈 수 있을까 꾀를 부리다 보면 여지없이 무시무시한 치과 진료실에 누워있게 된답니다.

니다.

그럴 땐 《털털이 괴물도 이를 닦는다고?》라는 책을 권합니다. 이 책의 주인공은 우리 친구들처럼 이 닦기를 매우 싫어하는 아이예요. 그런 친구 앞에 털털이 괴물이 짜잔 나타납니다. 그리고 이렇게 말해요. 치과 의사 선생님이 마스크를 쓰고 계신 이유는 충치 벌레들이 선생님을 알아보고 도망갈까 봐서라고요. 어른들이 보기에는 뻔한 거짓말이지만 충치를 의인화해서 생동감 있게 표현한 것은 아이가 이해하기 쉽고 받아들이기 쉽게 하는 좋은 설정이죠. 부모님이나 선생님의 반복적인 훈계, 가르침이 아닌, 괴물이라는 친근한 소재를 통해 이 닦기의 중요성을 알려주세요.

### ❸ 즐겁게 할 방법을 알려주세요.

《번개 세수》에는 세수하기를 무엇보다 싫어하는 주인공이 나와요. 그리고 귀찮고 재미없고 무섭기까지 한 세수를 짧고 즐겁게 끝낼 수 있는 재미있는 방법을 알려주지요. 그러자 갑자기 세수가 즐거운 놀이로 바뀝니다. 이렇게 재미있는 요소를 적절히 섞어주세요. 예를 들어 오른발 왼발 구분을 힘들어하는 아이가 있어요. 이럴 때 부지불식간에 좌우를 분간할 수 있도록 해주면 어떨까요? 신발에 자동차를 붙여두고 서로 부딪히지 않도록 바깥쪽으로 신어야 한다고 알려주는 거예요. 하기 싫은 세수, 귀찮은 양치질, 벅찬 정리 정돈, 불편한 손톱 깎기가 세상에서 단 하나밖에 없는 근사한 놀이로 바뀔 수 있습니다.

## 함께 읽으면 좋은 그림책

**《멍멍 의사 선생님》** 배빗 콜 글·그림 | 보림

**《몸: 잘 자라는 법》** 전미경 글·홍기한 그림 | 사계절

**《두근두근 목욕》** 리사 비기 글·팔로마 코랄 그림 | 창비교육

## 4장

# 집중력 100배 늘리는
# 작은 습관

## 아이의 집중력이 궁금한 날의 엄마 일기

한글 공부하려고 5분 정도 앉아있으면 벌써 엉덩이가 들썩들썩, 머리카락을 잡아당기고 엉뚱한 소리를 낸다. 이 시기의 아이들이 집중력이 짧다고는 하나 재미있는 TV 프로그램을 볼 때는 정신없이 몇 시간이고 집중하는데 공부할 때는 잠깐도 힘들어하니 걱정이다. 집중력, 끈기, 인내가 공부할 때 중요할 텐데 어떻게 키워줘야 할까? 커가면서 자연스럽게 집중력이 높아지는 것인지 집중력을 높이기 위해 다른 노력을 해야 하는지 궁금하다.

## 엄마 노트
### – 어떻게 집중력을 길러줄까요?

집중력은 어떤 능력일까요? 오리건 주립대학의 심리학자 메간 맥클렌런드(Megan McClelland)에 따르면 취학 전 자기조절 능력이 높았던 아이가 초등학교 입학 후 읽기, 쓰기, 어휘, 수학 성취도가 높았다고 해요. 집중력은 바로 자기통제력이라 할 수 있어요.

유아기에는 자기통제력이 약하기 때문에 평균 10~12분 정도의 집중 시간을 보입니다. 24개월 이전 5분 이하의 집중 시간을 보인 것에 비하면 성장하면서 집중 시간과 질이 높아짐을 알 수 있어요. 나이가 들어감에 따라 서서히 집중 시간이 길어지기는 하지만 사람마다 집중력의 양과 질은 많은 차이를 보이기도 하지요.

그렇다면 집중력이 떨어지는 이유는 무엇일까요? 먼저 정서적으로 불안하면 하는 일에 집중하기 어렵습니다. 또는 하기 싫은 일을 억지로 해야 한다거나 간섭을 많이 받는 경우 집중하기 쉽지 않습니다. 장시간 스마트폰이나 태블릿을 가지고 놀면 집중력이 쉽게 떨어지는 경향이 있다는 연구 결과가 있습니다. 국제 학술지 〈사이언티픽 리포트〉에 따르면 팀 스미스 런던대 뇌·인지

발달 연구소 교수 연구팀은 12개월짜리 유아 40명을 대상으로 2년 6개월간 스마트폰 등 터치스크린 사용 시간을 관찰해 이 같은 결과를 얻었습니다.

유아기 때부터 청각 집중력을 키울 수 있는 환경을 만들어주는 것은 집중력 발달에 도움이 됩니다. 청각 주의 집중력은 측두엽에서 주로 담당하는데요. 측두엽은 말하기·듣기·감정 변화와 관련 있는 곳으로, 귀를 통해 들어오는 외부 정보를 인식해 언어를 이해하는 데 도움을 주는 영역입니다. 측두엽에 긍정적인 자극을 주는 대표적인 방법은 '피드백'이에요. 즉 자녀의 말을 귀담아듣고 적절한 응답을 하는 것이죠. 항상 어떤 대꾸를 해야 한다는 강박을 가질 필요는 없습니다. 자녀의 말에 관심을 가지는 것만으로도 효과가 있어요. 좀 더 적극적으로 피드백을 하고 싶다면, 유대인 교육방식인 하브루타처럼 질문을 이용해 대화를 이어나갈 수 있습니다.

집중력은 즐거움을 더해줍니다. 어떤 일에 열과 성을 다해 집중하고 몰입하는 순간에 우리는 기쁨과 행복을 경험합니다. 집중할 것이 있고 이를 위해 에너지를 한 곳으로 모으는 힘이 생긴다면 그 성취감은 이루 말할 수 없는 기쁨을 줄 거예요.

말초신경을 자극하는 게임과 같은 작업에 집중하는 시간이 길다고 해서 집중력이 높다고 볼 수는 없습니다. 집중할 대상을 선택하고 유지하도록 애쓰는 과정이 포함된 집중력이 진짜입니다. 자신이 삶의 주인이 되는 진짜 순간이 되는 것이지요.

## 그림책 처방

《앵무새 열 마리》(퀸틴 블레이크 글·그림, 시공주니어)는 사라진 앵무새를 찾는 교수님의 이야기예요. 독자도 함께 앵무새를 찾아볼 수 있도록 유도하는 그림책입니다.

앵무새를 키우는 뒤퐁 교수님은 매일 아침 정해진 시간에 일어나 정해진 순서대로 움직여요. 교수님이 매일 하는 일 중 하나는 앵무새 열 마리가 있는 온실로 들어가 앵무새의 수를 세는 거예요. 앵무새들은 가만히 있지 않고 도망쳐 뒤퐁 교수님을 놀립니다. 교수님은 없어진 앵무새를 찾으러 다녀요. 주방에도 침실에도 목욕탕, 화장실, 다락방에도 없네요. 진짜 없었을까요? 책에는 "진짜 없었을까요?"라는 문장을 반복해 교수님이 찾지 못하는 앵무새를 찾아보라고 합니다. 교수님 몰래 숨어있는 앵무새를 찾도록 유도하는 저자의 아이디어덕분에 즐거운 집중력을 경험할 수 있습니다.

**❶ 호기심을 해결하는 그림책 읽기를 해보세요.**

우리의 뇌는 재미와 흥미 그리고 호기심을 불러일으키는 대상에 본능적으로 반응합니다. 따라서 그림책을 선정할 때 아이의 관심사를 잘 반영해야 합니다. 또 그림책을 읽기 전 그림책과 내용과 관련된 질문을 준비해보세요. 그림책과 관련된 사전 경험, 배경 지식, 궁금증 등에 관한 이야기를 먼저 나눈 후 책을 읽으면 책에 대한 집중도를 높일 수 있습니다.

《앵무새 열 마리》처럼 책에 나온 그림을 유심히 살펴보아야 더 재미있게 읽어낼 수 있는 책을 보여주는 것도 좋은 방법이에요. 앵무새 열 마리를 찾기 위해 온 힘을 다하는 사이에 아이는 즐거운 책 읽기를 통한 '집중의 힘'을 경험할 수 있습니다. 관찰하고 찾아내야 할 것이 많은 《다리가 다섯인 기린이 있어요》같은 그림책도 흥미롭게 집중할 거리를 제공합니다.

**❷ 아이 스스로 선택한 일을 방해하지 마세요.**

아이 혼자 신발을 신고 단추를 채울 때, 지퍼를 올릴 때 생각보다 긴 시간이 걸립니다. 어른에게는 몇 초 걸리지 않는 일이지만 아이에게는 엄청난 공을 쏟아야 해결할 수 있는 문제랍니다. 이런 일을 할 때 부모는 시간을 여유 있게 두고 아이가 스스로 할 수 있도록 배려하는 것이 좋습니다. 이 시간을 통해 아이는 인내심과 집중력, 끈기를 키우거든요. 아이가 도움을 요청하기 전에 먼저 해주는 것이 시간을 절약할 수 있을지 모르나 집중력은 앗아갈 수 있어요. 느긋한 부모, 기다려주는 부모가 집중력 강한 아이를 만듭니다.

❸ 집중력을 높이는 물리적 환경을 만들어주세요.

아이의 집중력을 높이려면 주변의 물리적 환경을 점검해보세요. 늘 TV가 켜져있거나 시끄러운 음악이 흘러나오는 집에서 무언가 집중해서 하기란 쉽지 않아요.

더불어 정리가 잘 되어 있는 환경이 집중력을 높인다는 점을 기억해주세요. 학습 활동을 하려고 마음먹었는데 종이, 연필, 색연필을 찾기 위해 시간을 들여야 한다면 아이는 활동을 하기도 전에 집중력이 깨질 수밖에 없습니다. 집중력을 깨뜨리는 환경인지 도움을 주는 환경인지 꼼꼼히 살펴보세요.《정리 대장 꿀돼지》에 나오는 꿀돼지처럼 자기 주변을 정리하는 습관을 갖도록 도와주는 것도 집중력을 높이는 좋은 방법이랍니다.

## 함께 읽으면 좋은 그림책

《호기심 많은 청개구리 펠릭스》 제인 클라크 글·브리타 테큰트럽
그림 | 사파리

《다리가 다섯인 기린이 있어요》 바루 글·그림 | 에듀앤테크

《정리 대장 꿀돼지》 에이미 크루즈 로젠탈 글·코레이스 그림 | 비룡소

## 5장

# 돕는 즐거움이
# 아이를 키운다

## 자기중심적인 아이가 걱정인 날의 엄마 일기

둘째 아이가 요즘 엄마를 도와 설거지를 하겠다고 한다. 옷을 개고 있으면 옆에 와서 자기도 같이 해보겠다고 나선다. 누군가를 위해 돕겠다는 아이 마음이 귀엽고 사랑스럽다. 첫째 아이에게서는 볼 수 없던 행동이라 더 소중하다. 첫째 아이는 늘 자기중심적이다. 청소를 같이 하자고 하면 자신이 놀았던 것만 정리하고 심부름을 시키면 자기가 왜 해야 하냐며 화를 내기도 한다. 자기가 조금이라도 희생하거나 양보해야 하는 상황을 못 견디는 아이를 어떻게 가르쳐야 할지 고민이다.

# 엄마 노트

- 돕는 기쁨을 느끼게 해주세요.

'마더 테레사 효과'라고 들어본 적이 있나요? 하버드대학교 의과대학 데이비드 맥 클랜드 박사 연구팀이 실험 대상자들에게 마더 테레사 수녀의 일대기를 그린 영화를 보여주었어요. 그 결과 대부분 면역항체가 50% 증가했다고 합니다. 이 현상을 마더 테레사 효과라고 부릅니다. 이타적인 행동 및 친절, 배려 있는 행동을 하면 만족감을 느끼는 동시에 불평, 불만이 줄어든다는 심리가 있습니다.

캐나다의 한 연구에서 출근하는 직장인을 2개 그룹으로 나누고 먼저 행복감에 대한 설문 조사를 했어요. 두 그룹에 똑같은 돈을 주고 한 그룹에는 자신을 위해, 다른 한 그룹은 남을 위해 쓰라고 했지요. 퇴근한 후 다시 설문 조사한 결과 자신을 위해 쓰는 돈보다 남을 위해 쓸 때 행복감이 더 컸다고 말합니다. 자원봉사자들의 우울감이나 불안 수준이 낮고, 미래에 대해서도 긍정적·희망적이라고 하는 보고를 통해 돕는 행위가 주는 가치를 알 수 있습니다.

도움이 필요한 사람에게 관심을 보이거나 돕는 친사회적 행동은 영유아기부터 길러줄 수 있습니다. 생후 18개월 된 영아도 나누고 도와주고 협동하며 다친 사람에게 관심을 보인답니다. 2~3세 유아도 다른 친구에게 장난감을 나누어주기도 하고 도와주려고 노력하지요. 이러한 친사회적 행동을 수행하기 위해서 유아는 조망 수용 능력, 감정이입, 도와줄 상황에 적합한 문제 해결 기술을 가지고 있어야 합니다.

4세 이후 유아는 다른 사람이 고통받는 것을 직접 눈으로 보지 않더라도 상상만으로도 감정이입이 가능합니다. 이 시기의 공감은 직접 관찰한 것에만 국한되는 것이 아니라 가난한 사람이나 장애인 등 전반적인 것에도 감정이입을 할 수 있는 수준입니다. 또 자신과 다른 사람에 대한 개념이 형성되고 각자 느끼는 감정이 서로의 경험에 따라 달라질 수 있다는 것을 차츰 이해하게 되지요.

유치원에서 아이들을 관찰하다 보면 왜 남을 도와야 하는지, 내가 왜 다른 친구를 위해 희생해야 하는지에 대해 강하게 반발하는 아이들이 있습니다. "친구가 가지고 논 것을 왜 제가 정리해야 하나요?" "친구가 스스로 해야 할 일을 제가 왜 도와주어야 하나요?"와 같은 질문을 하기도 합니다. 자신이 손해본다는 생각 때문에 불평, 불만을 토로하는 경우가 있습니다. 도움의 의미와 행복감을 일상에서 느낄 수 있도록 해주세요.

## 그림책 처방

《크리스마스 선물》(존 버닝햄 글·그림, 시공주니어)은 순록이 아파 마지막 선물을 전달하지 못할 뻔한 산타 할아버지가 많은 이의 도움으로 선물을 전해주게 되는 여정을 담은 그림책이에요.

크리스마스 선물을 집마다 나눠주고 지친 몸으로 집에 돌아온 산타 할아버지와 순록. 순록은 너무 힘들었는지 몸이 좋지 않았어요. 그런데 산타 할아버지가 선물 주머니에 남아있는 선물 하나를 발견합니다. 순록 없이 선물을 전달할 수 있을지 걱정이 되네요. 산타 할아버지 혼자 선물을 주러 가는 여정이 쉽지 않지만 다행히 여러 사람의 도움을 받아요. 비행기 조종사부터 밧줄을 타는 아이의 도움까지. 할아버지는 마지막 선물을 무사히 전달할 수 있을까요?

**❶ 협동의 소중함을 경험시켜 주세요.**

함께 힘을 합해 보는 경험, 협동의 경험은 '도움'이 얼마나 중요하고 가치 있는 일인지 알려주지요. 대표적인 그림책으로 〈커다란 순무〉가 있어요. 손녀는 강아지에게 도움을 요청하고 할머니, 할아버지까지 불러 힘을 합한 후에야 커다란 순무를 뽑아내지요. "개미 천 마리가 모이면 맷돌을 든다"라는 속담이 있어요. 작은 힘을 모아 모두에게 행복을 가져다주는 결과를 경험해 보는 것은 도움을 주고받는 것이 얼마나 중요한 일인지 알 수 있게 한답니다.

《으쌰으쌰 당근》그림책을 볼까요? 토끼와 두더지가 고구마를 캐기 위해 각자 땅 위에서, 땅 아래에서 애를 씁니다. 혼자 힘으로 뽑히지 않자 친구들이 함께하지요. 결국에는 곰의 도움으로 당근을 캐서 맛있는 요리를 하고, 함께 나누어 먹는 장면으로 마무리되지요. '나'의 작은 도움이 '우리'에게 얼마나 큰 기쁨을 줄 수 있는지 경험해 보는 것! 이는 기꺼이 돕는 아이로 자라는 밑거름을 마련해 줄 거예요. 더 나아가 긍정적 자아상 형성에도 든든한 뿌리가 되어 준답니다.

**❷ 다른 사람을 도와볼 기회를 주세요.**

다른 사람을 도울 때 행복 호르몬이라고 하는 엔도르핀이 평상시 대비 3배나 많이 분비된다는 연구 결과가 있어요. 나눔을 행하는 사람의 뇌에는 도파민이 분비되고 기쁨을 느끼는 뇌 영역이 활성화되면서 행복을 느끼는 정도가 높아진다고 하지요. 직접 선행을 하는 것뿐만 아니라 남의 선행을 보는 것만으로도 신체 면역 기능이 높아졌다는 보고도 있습니다. 아이가 할 수 있는 정도의 도움을 직접 경험해보게 도와주세요. 가족을 위해 식사 준비를 돕는다든지 조부모님을 위해 그림 편지를 준비한다든지 분리수거를 돕는 등의 일들은 작지만 새로운 감정을 경험하게 해줄 거예요.

《아모스 할아버지가 아픈 날》을 보면 동물들을 관리하는 할아버지가 아프자 동물들은 각자 할아버지를 돕기 시작합니다. 코끼리는 할아버지를 위해 체스를 두고, 거북이는 할아버지와 달리기 경주를 합니다. 그렇게 자신을 살뜰히 챙겨준 할아버지에 대한 고마운 마음을 표현합니다. 동물들은 할아버지가 자신의 이익이나 손해를 생각하지 않고 온 마음을 다해 표현해준 것을 기억합니다. 다른 사람을 사랑하고 사랑받고 있는 느낌을 받는 것은 인생의 온기를 더해주는 중요한 부분임을 가르쳐주세요.

**❸ 도움을 받는 것에 대해서도 알려주세요.**
독립적이고 개인주의적 성향이 강한 아이는 다른 사람의 도

움을 받는 것을 힘들어하기도 합니다.《도움은 필요 없어!》의 포시도 그런 친구입니다. 물고기 파랑이를 키우다가 하루는 힘이 빠진 채로 다니는 파랑이를 발견하고 어떻게 해야 할지 몰라 마음만 졸이고 있어요. 누군가에게 도움을 요청하면 좋을 텐데 포시는 표현하지 않네요. 도움 청하고 싶지 않은가 봐요.

때론 다른 사람의 도움을 받고 자신도 다른 이에게 필요한 도움을 줄 수 있어야 합니다. 도움을 받는 것이 어색한 아이가 다른 이에게 도움을 주기는 쉽지 않습니다. 함께 사는 세상에서 도움을 주고받는 경험만큼 삶을 따뜻하고 풍요롭게 만드는 것은 없답니다.

**함께 읽으면 좋은 그림책**

**《아모스 할아버지가 아픈 날》** 필립C. 스테드 글·에린 E. 스테드 그림 | 주니어RHK

**《도움은 필요 없어!》** 루스 오히 글·그림 | 에듀앤테크

**《으쌰으쌰 당근》** 멜리 글·그림 | 책읽는곰

## 6장

# 언어를
# 향기롭게 가꾸려면

## 아이의 거친 언어가 당혹스러운 날의 엄마 일기

"저리 비켜!" "넌 나쁜 놈이야." 아이 입에서 이런 말이 나오기 시작했다. 유치원 선생님과 상담을 했는데, 요즘 들어 아이가 부쩍 이런 험한 말과 명령조의 말을 쓰면서 힘을 과시하기 시작한다는 말을 들었다. 남자아이고 승부욕이 강해 자신이 무시당할 것 같거나 질 것 같은 상황이 닥치면 어김없이 친구들에게 거친 말을 하는 모양이다. 집에서도 점점 말투가 거칠어지고 자기가 계획한 대로 일이 진행되지 않으면 이런 말들이 툭툭 튀어나온다. 아이를 혼낼 일이 많아지면서 점점 명령조로 말을 많이 하게 된다. 아이가 나 때문에 이렇게 변한 건 아닐까 염려도 되고 자책도 된다.

## 엄마 노트
－ 우리에게 기린의 언어가 필요해요.

낮은 목소리로 말하고,
천천히 말하고,
너무 많이 말하지 말라.

● 존 웨인

'자칼의 언어'를 쓸 것인가 '기린의 언어'를 쓸 것인가? 마셜 B. 로젠버그가 쓴 《비폭력 대화》에 이런 이야기가 나옵니다. 자칼은 땅 위를 낮게 달리고 시야가 좁은 동물이죠. 그래서 자칼의 언어는 쉽게 옳고 그름과 좋고 나쁨을 단정 짓는 대화법입니다. 자신에게 해가 되는 일이라 판단하면 나쁜 사람으로 평가합니다. 이는 상대방에 대한 분노, 우울, 수치심과 같은 감정을 동반하지요. 그래서 진정한 소통을 이어나가기 어렵습니다.

반면 기린은 긴 다리와 긴 목으로 한 수 위의 것을 바라보는 통찰력이 있습니다. 자신의 욕구를 파악할 뿐 아니라 타인의 상황과 느낌을 파악하는 거죠. 이런 대화가 이루어지기 위해서 먼저 타인의 행동에 대한 충분한 관찰이 필요합니다. 그리고 그에 대한 느낌을 전달합니다. 비폭력 대화를 가능하도록 돕습니다.

기린의 언어는 상대방을 변화시키기 위한 목적이 아닌, 소통과 교감을 통한 서로의 욕구를 적절히 충족하는 데 있습니다. 상대방의 행동이나 말에 대한 공격적인 언어가 아닌 자신의 느낌과 상황을 전달하는 방법을 사용하기 때문에 서로에게 상처를 입히지 않아요. 우리에게 필요한 대화는 자칼의 언어가 아닌 기린의 언어임을 잘 알 수 있습니다.

아이의 언어도 이와 같은 맥락에서 이루어지도록 도와주면 좋겠습니다. 아직 자기 중심성이 강한 발달단계에 있기에 상대방의 상황과 형편을 완벽히 이해하지 못합니다. 따라서 지속해서 아이의 눈높이에 맞는 언어로 상황을 이해할 수 있도록 설명해주는 과정이 필요합니다. 깊이 있는 의사소통의 길로 나아가도록 도우려면 타인에게 따뜻함과 배려를 느낄 수 있는 언어를 사용하도록 알려주어야 합니다.

부모의 언어 습관은 아이 언어 습관에 많은 영향을 미칩니다. 번스타인은 부모의 언어 통제유형을 명령적인 언어와 인성적인 언어로 구분하여 말합니다. 명령적인 언어를 사용하는 부모의 자녀일수록 인지적·사회적 성취도가 떨어진다고 합니다.

"빨리 먹어"라는 말과 "오늘 엄마가 준비한 달걀, 김 그리고 김치를 먹으면 키도 쑥쑥 크고 응가도 잘 싸고 힘도 세질 거야. 한번 먹어 볼까?"라는 말을 비교해보세요. 인과 관계를 생각해보면서 자란 아이는 논리적인 사고습관과 이해력이 발달할 수밖에 없습니다. 이렇게 언어를 사용하는 부모의 모습을 보고 자란 아이는 다른 친구에게 명령조의 거친 말투보다 상대방을 설득시키고 이해시키는 언어 습관을 갖게 됩니다.

## 그림책 처방

《뭐라고 말해야 할까요?》(모리스 샌닥 글, 세실 조슬린 그림, 시공주니어)는 꼭 필요한 말, 상황을 부드럽게 만들어주는 말, 내 마음을 잘 전달할 수 있는 말이 무엇인지 즐겁고 엉뚱한 상황 속에서 배울 수 있는 책이에요.

신사 아저씨가 아기 코끼리에게 인사를 하라고 하는데 뭐라고 말해야 할까요? 사나운 용이 나타나 무서워하고 있을 때 용감한 기사가 용을 무찔렀어요. 이때 뭐라고 말해야 할까요? 나에게 총을 겨누는 악당에게 뭐라고 말해야 할까요? 공룡한테 물린 환자가 간호사인 나에게 고맙다고 말하면 난 뭐라고 할까요? 악어의 발을 밟았을 때, 아주 배고플 때 요리사에게 뭐라고 말해야 할까요? 공주가 나에게 소곤소곤 이야기하는데 연주 소리 때문에 말소리가 잘 들리지 않을 때, 영국여왕이 맛있는 스파게티를 끝도 없이 대접할 때, 뭐라고 해야 할까요? 아이들이 적절한 말을 찾아보고 생각할 수 있는 여러가지 흥미로운 상황이 등장합니다. 아이와 예의 바른 말들을 함께 찾아보세요.

❶ 부모의 언어 습관을 살펴보세요.

아이의 언어 습관을 고쳐주고 싶다면 부모의 언어 습관을 먼저 살펴보세요. 늘 긍정적이고 예의 바른 언어를 사용하는 환경에서 자란 아이가 거친 욕설과 다른 사람을 힘들게 하는 언어를 사용하기 어렵습니다.《인사를 나눠 드립니다》의 주인공 엄마는 엘리베이터 안에서 만나는 사람에게 인사를 나눕니다. 어색하고 불편한 순간을 따뜻하고 배려 넘치는 공간으로 만든 건 한마디 작은 인사였답니다. 부모의 이런 모습을 본 아이는 무엇을 느끼고 어떻게 행동할까요?

남을 비판하고 부정하는 언어 습관은 자신의 삶을 어둡고 힘든 길로 나아가게 만드는 중요한 요인입니다. 언어에도 온도가 있습니다. 따뜻함과 차가움을 적절히 조절해 솔직한 마음을 전달하고 의사를 표현하는 부모의 언어 습관보다 더 좋은 언어 교육은 없답니다.

**❷ 부정적 감정을 말하는 방법에 대해 알려주세요.**

《화내지 말고 예쁘게 말해요》(안미연 글·서희정 그림, 상상스쿨)에는 화를 내며 말하는 친구 도치가 나와요. 그런 도치 머리 위에 손바닥 크기만 한 구름이 생기네요. 그리고 도치가 화를 내며 말할 때마다 구름이 커집니다. 이때 할머니가 나타나 구름이 작아지는 방법을 알려줍니다. "싫어, 안 할래"라는 말 대신 "난~ 좋겠어요"라고 말을 해보라고요.

아이들은 아직 자신의 감정, 자신의 상황을 더 중요하게 생각합니다. 이 때문에 상대방의 상황과 형편, 감정을 고려한 말하기가 익숙하지 않을 수 있습니다. 따라서 부정적인 감정이 들 때 이러한 감정을 정리해서 말하는 방법을 친절하게 알려줄 필요가 있어요. 자신의 거친 말이 얼마나 상대방을 힘들게 하는지 보여주고 연습할 수 있는 상황을 만들어주세요. 누구나 듣고 싶은 말하기가 습관화되어 있다면 아이는 외롭지 않을 거예요. 온기가 있는 말은 주위를 따뜻하게 만들어간답니다.

**❸ 자신의 모습을 돌아보게 해주세요.**

우리 뇌는 욕을 하거나 "죽인다" "때린다" 등의 거친 말을 쓰는 순간 공격 중추인 편도체가 즉각 흥분해 공격 상태로 바뀝니다. 이뿐만 아니라 공격 호르몬 노르아드레날린이 분비된다는 사실도 이미 밝혀졌지요. 거친 말은 아이를 더 공격적으로 만드는 악순환을 되풀이합니다. 그걸 참아내는 것은 좋은 억제력 훈련이자 사회성 훈련입니다.

모리스 샌닥의 또 다른 그림책《무슨 상관이람!》에 보면 그 누구의 말에도 "무슨 상관이람"이라는 말로 대꾸하는 친구가 등장합니다. 다른 사람의 기분이나 감정은 전혀 고려하지 않고 자기 마음대로 거칠게 표현하는 아이의 모습을 보면서 불편한 감정을 느끼는 것은 어렵지 않습니다. 타인을 향한 언어가 때로는 부드럽고 달콤한 솜사탕 같은 말이 될 수도, 뾰족한 고슴도치 가시가 될 수도 있음을 보여주세요. 제3의 상황을 통해 자신을 들여다보는 시간을 가질 수 있도록 해주세요.

## 함께 읽으면 좋은 그림책

《인사를 나눠드립니다》 이한재 글·그림 | 킨더랜드

《언제나 "싫어요!"라고 말하는 꼬마 기사 네드》 루시 롤런드 글·케이트 힌들리 그림 | 사파리

《무슨 상관이람!》 모리스 샌닥 글·그림 | 시공주니어

## 7장

# 우리 아이 독서 습관

## 아이의 독서습관이 고민인 날의 엄마 일기

　오랜만에 서점 나들이를 했다. 평상시 책 읽는 것도 좋아하고 내가 책을 읽어줄 때 집중해서 잘 듣는 편이다. 그래서 좀 더 다양한 책을 보여주고 사주려고 들렀다. 매일 똑같은 책만 고르는 아이에게 새로운 책을 들이밀었더니 쓱 눈으로만 훑어보고는 관심을 보이지 않는다. 장난감 형식의 책이 아니면 서점에 그리 긴 시간 머물러 있지 못한다. 독서 습관이 중요하다고 하는데 매일 책을 읽어주기도 쉽지 않고 어떻게 독서 습관을 길러줘야 할지 모르겠다.

## 엄마 노트
### – 독서를 통해 얻을 수 있는 것들

> 삶을 살다가 어떤 의문에 봉착했을 때 찾아갈 곳이 서점이다.
> 무언가 고적할 때 찾아가서
> 그 고적을 치유받을 수 있는 공간이 서점이다.
> 책이 있기에 우리는 외롭지 않다.
> 독서는 혼자 하는 행위이지만 위대한 선현들과 대화할 수 있고
> 오늘의 세계인들과 교류할 수 있다.
> 책들은 다정한 우리 모두의 친구들이다.
>
> ● 김언호 《세계 서점 기행》

우리 삶은 언제나 의문투성이며 질문을 한가득 안겨줍니다. 이제 막 세상에 눈을 뜬 아이에게는 더욱 그렇습니다. 모든 것이 궁금하고 모든 것이 신비롭습니다. 비가 오는 이유, 개미가 흙 속에 사는 이유, 강아지가 짖는 이유, 마스크를 써야 하는 이유 등 온갖 것이 궁금합니다. 이러한 궁금증을 해결할 수 있는 통로가 있답니다. 바로 책입니다. 책은 우리의 의문과 호기심, 답답함을 해결해줄 수 있는 친절한 친구이지요.

책은 사람의 마음을 풍요롭게 하고 지식을 단련시키며 새로운 생각이 떠오르도록 돕습니다. 아이 마음을 풍요롭게 하고 생각을 발전시키고 인격을 형성시키는 과정에서 중요한 역할을

하는 것이 책입니다.

책은 힐링의 도구가 되기도 합니다. 책을 읽다 보면 나도 모르게 감탄사가 튀어나올 때가 있지요. 내 마음을 백번 공감한 문장을 만났다든지, 생각지 못했던 결말로 카타르시스를 느낀다든지, 상상만 했던 일이 책 속에서 펼쳐질 때 우리는 탄성을 지르게 됩니다. 사이다를 마신 것처럼 시원해지는 순간을 경험하기도 합니다. 상상을 즐기는 아이들에게 책은 더없이 황홀한 세계를 경험해볼 수 있는 훌륭한 놀이터임에 틀림이 없습니다.

또한 독서는 인지발달을 돕기도 하지요. 난독증을 앓고 있는 아들을 둔 어머니이기도 한 울프 교수는 '책 읽는 뇌'에 관한 연구를 했어요. 울프 교수는 책을 읽는 아이는 눈에 들어오는 시각 정보를 처리하는 양쪽 후두엽, 언어 이해에 필수적인 측두엽, 기억력·사고력 등 인간의 고등 행동을 관장하는 좌뇌의 전두엽 부위들이 점점 빠른 속도로 상호작용하는 법을 배운다고 말합니다. 원래 서로 다른 일을 하도록 설계된 뇌의 여러 부분이 같이 진화해 독서로 머리가 좋아지는 것이라고 하지요.

독서는 우리의 감각 자체를 발달시킨다고도 합니다. 2006년 스페인 연구자들은 "커피 향이 좋다."와 같은 문장을 읽을 때 뇌의 후각 피질 영역이, 프랑스 연구자는 "파블로가 공을 찬다."와 같은 문장을 읽을 때 운동 피질 영역이 활성화되는 것을 발견했습니다. 독서를 통해 다른 이의 경험을 자기 것으로 만들고 자신이 직접 탐구하지 않은 지식을 자연스럽게 이해할 수 있는 이유가 여기에 있습니다.

## 그림책 처방

《글자 먹는 악어》(닉 브롬리 글·니콜라 오반 그림, 사파리)는 책 속에 악어가 나타나 글자를 먹는 톡톡한 설정으로 아이의 흥미를 끌기 좋은 그림책이에요.

엄마 오리와 아기 오리 네 마리 앞에 악어가 나타납니다. 엄마 오리가 악어 때문에 책을 더 읽어주지 못하게 되자 악어를 책 밖으로 내보내기 위해 기발한 시도를 하지요. 이 시도는 독자의 참여를 유도합니다. 악어를 잠재워 보라며 책을 오른쪽, 왼쪽으로 흔들게 하고, 악어가 책에서 빠져나가도록 위아래로 툴툴 털게도 합니다. 그러다 갑자기 악어가 달려가기 시작해요. 책 밖으로 빠져나가려고 하네요. 악어가 책에서 나가는 방법을 찾았어요. 책에 구멍을 내어 책 밖으로 빠져나가려 해요. 실제 책에 구멍을 낸 디자인이 책의 몰입도를 높여주고 상상력을 더해줍니다.

**❶ 아이가 즐겁게 볼 수 있는 책이면 족합니다.**

'영재'라는 말에 노이로제가 걸릴 것 같습니다. 모든 과목에 영재를 붙여 특종거리를 만들어내는 매체 덕분인지 우리는 꽤 많은 영재를 보아왔지요. 그중 하나, 독서 영재도 빼놓을 수 없습니다. 독서 영재의 특징은 시간 개념 없이 책에 빠져 있으며 자기 나이보다 수준 높은 책을 막힘없이 읽어내는 능력을 보입니다. 경쟁적인 책 읽기, 무조건 수준 높은 책을 읽어야 인정받는 읽기 환경은 위험합니다. 책 읽기가 순수하게 독서의 즐거움을 즐기는 시간이 아니라 학령기에 좀 더 효율적인 공부를 위한 도구로 전락하지 않도록 도와야 합니다.

《책 읽는 유령 크니기》에 나오는 유령 크니기는 책을 읽으며 불꽃놀이 같은 행복감을 느낍니다. 책에 적힌 것을 찾기 위해 몰입하다 어느 순간 황홀한 책 읽기가 시작됩니다. 책에서 만난 주인공, 크고 작은 사건, 주인공의 가족들, 친구들을 보며 웃고 화내고 감동하는 순간을 경험하도록 도와야 합니다. 이것은 아이가 책 읽는 습관을 지닐 수 있는 가장 강력한 방법입니다. 이야기가 궁금해 빨려 들어갈 수 있는 책을 찾아보세요. 그것이면 충분합니다.

❷ 책 구매 시 아이에게도 결정권을 주세요.

"자신이 읽을 책 정도는 스스로 골라 스스로 사고 늘 곁에 두면서 원하는 시간에 원하는 방식으로 읽어야 한다."(《지식의 단련법》, 다치바나 다카시) 아이에게 책 선택권을 넘겼을 때 일어날 일은 충분히 상상할 수 있습니다. 엄마 눈에 무가치해 보이는 책에만 집중하는 아이를 지켜보는 상황을 두려워하지 마세요. 이를 두려워해 선택권을 빼앗으면 책이 주는 설렘도 함께 빼앗게 될 수 있어요.

❸ 글자 없는 그림책을 이용해보세요.

글자 없는 그림책의 활용도는 무궁무진합니다. 정답이 없습니다. 그림이 주는 메시지를 자기 나름대로 해석하고 자신만의 이야기로 재창조하면 그걸로 새로운 의미가 부여되기도 하지요. 그 과정에서 책 읽는 재미가 더해지는 것은 말할 것도 없고 상상력과 창의력, 융합하는 사고력까지 함께 성장시킬 수 있습니다.

《세상에서 가장 용감한 소녀》는 빨간 옷을 입은 소녀와 새끼 늑대 간의 감정 변화를 그림으로만 오롯이 전달하는 그림책이예요. 늑대의 울부짖는 모습이 표현된 그림을 보며 늑대의 마음을 말로 표현해본다든지 보이는 상황 이면의 배경을 이야기 나누어 보는 것 등은 그림책과 진정한 소통을 이루어내는 하나의 방법이 될 수 있습니다. 자기 생각으로 재창조된 그림책 한 권 읽기의 힘은 또 다른 책으로 건너가게 하는 즐거움을 허락합니다.

## 함께 읽으면 좋은 그림책

《빨강 책》 바바라 리만 글·그림 | 북극곰

《책 읽는 유령 크니기》 벤야민 좀머할더 글·그림 | 토토북

《세상에서 가장 용감한 소녀》 메튜 코넬 글·그림 | 비룡소

## 8장

# 성에 대한 무한 관심

## 아이의 성교육이 고민되는 날의 엄마 일기

하루는 아이가 이렇게 묻는다. "엄마 나는 어떻게 태어났어?" 순간 어디서부터 어떻게 말을 해줘야 할지 고민스러워 어물쩍 넘어가 버렸다. 요즘 들어 부쩍 성기와 관련된 이야기를 많이 하고 궁금해한다. 자신의 성기를 보여주는 장난을 치기도 하고 관련된 책이나 영상을 보려고 하는 것 같다. 그림책에서 짝짓기 하는 곤충을 보면서 "애네들은 뭐 하는 거야?"라고 물으며 관심을 보이기도 한다. 가정에서 자연스러운 성교육이 필요하다고 하지만 어떻게 해야 할지 잘 모르겠다.

## 엄마노트

### – 적극적인 교육이 필요한 성교육

성 개념 발달은 보통 만 2세 이전에 자신의 성에 대해 인식하고 성별을 구분하는 것으로부터 시작합니다. 이때 성별의 의미는 단순히 이름과 같은 범주라 볼 수 있어요. 콜버그(Kohlberg)의 성 역할 발달단계에 따르면 자신이 여성인지 남성인지를 깨닫는 성 정체감 형성 단계라 볼 수 있습니다.

이 시기에는 성 항상성이 형성되지 않은 상태라 남자가 여자 옷을 입으면 여자가 된다고 생각하지요. 이러한 시기를 경험하면서 성 안정성과 성 도식을 이해하는 시기에 이르게 됩니다. 성 안정성이란 시간이 지나도 자신의 성별이 안정적이라는 것을 지각하는 것을 말해요. 머리 모양이나 놀이에서 맡는 역할에 상관없이 생물학적인 특성에 의해 변하지 않는다는 사실을 알게 되는 것이죠.

유아기는 성 항상성을 인지하며 성별에 따른 행동 양식과 같은 규칙을 학습해나가는 시기이기도 합니다. 하지만 이는 절대적인 것이 아니라 사회적인 인습으로 이해하고 자신의 성에 맞는 행동 패턴으로 조율해나갑니다.

소아정신과 전문의 김영화가 쓴《우리 아이의 행복을 위한 성교육》에 따르면 이 시대 부모의 소중한 책무 중 하나가 성교육이라고 말합니다. 최근 사회적으로 큰 쟁점이 된 미투 운동, 불법 동영상 촬영 및 유포, 10대 청소년 성폭력 기사 등을 보면 제대로 된 성교육의 필요성을 절감합니다. 특히 남자아이는 잠재적 성범죄 위험에 노출되어 있다는 점에서 어린 시기부터 특별히 성교육에 관심을 가져야 할 필요가 있습니다.

전 세계 어린이와 청소년에게 가장 영향을 끼치는 키워드는 '인터넷'과 '섹스'라고 합니다. 그런데도 부모들은 아이의 성 발달이 나이가 들면서 저절로 된다고 생각해 아이의 성교육을 방치 혹은 외면하는 경향이 있어요. 요즘 아이들은 이전 세대와는 완전히 다른 환경에서 자라고 있습니다. 조숙한 신체발달과 함께 건강한 성적 발달을 방해하는 지나치게 자극적인 환경 속에 놓여있다는 점을 생각해야 합니다. 성에 대한 올바른 의식을 가질 수 있도록 부모가 적극적으로 아이들과 대화하면서 가르쳐야 하는 이유입니다.

성교육, 서툰 주제이지만 자연스럽게 이야기 나눌 수 있는 주제가 될 수 있도록 부모가 먼저 공부하면 좋겠습니다. 우리 자녀의 건강한 성교육을 위한 그림책을 만나러 도서관 나들이를 떠나보는 것은 어떨까요?

## 그림책 처방

《곧 수영 대회가 열릴 거야!》(니콜라스 앨런 글·그림, 위즈 덤하우스)는 아이들이 가장 궁금해하는 탄생의 비밀을 재치있게 풀어낸 그림책이에요.

아빠 몸에 있는 정자 윌리가 난자를 만나러 가는 과정과 태 아의 모습으로 성장하는 과정을 자연스럽게 표현하고 있습 니다. 수학은 잘 못하지만 수영은 잘하는 윌리가 아빠의 몸 에서 나와 엄마 몸에 있는 난자를 만나는 과정을 아이의 눈 높이에서 이해하고 유쾌하게 상상할 수 있습니다.

❶ 성에 관한 질문을 할 때가 성교육 하기 좋은 시점이에요.

성에 관해 아이와 이야기를 나눈다는 것이 그리 만만한 일은 아닌 것 같아요. 아이의 궁금증을 어느 정도 충족시켜주고 얼마 나 사실감 있게 묘사해줘야 하는지 수위 조절이 쉽지 않기 때 문이지요. 아이는 점점 성에 관한 궁금증이 생기고 질문도 하기 시작합니다. "왜 남자만 고추가 있어?" "나는 어디서 태어났어?" 이런 질문을 받을 때, 당황하지 말고 성교육을 하기 좋은 시점 이라고 생각하세요.

❷ 자위와 같은 성적 행동을 했을 때는 원인을 잘 살펴보세요.

유아기에 나타나는 성행위 중 자위행위를 목격했을 때 굉장히 당황스러울 수 있습니다. 여자아이의 30%, 남자아이의 70% 정도가 자위행위를 한다고 해요. 이는 사춘기 자위행위와는 성격이 다른 것으로 자신의 몸에 대한 궁금증과 즐거움을 느끼고 싶은 본능이 집약되어 나타나는 행동입니다. 단순한 성적 쾌감과 호기심으로 시작된 것이므로 오래도록 지속하지 않는 경우가 대부분이지만 이런 행위가 나타난 이유를 살펴볼 필요가 있어요.

자위행위를 하는 아이들의 공통적인 이유는 자신이 즐겁게 에너지를 쏟을 만한 대상이 없을 때 또는 외롭거나 걱정과 긴장 상태에 노출되어 있기 때문일 수 있어요. 즉, 자신의 불안을 낮추기 위한 행동일 수 있습니다. 따라서 엄격하게 훈육하거나 비난하는 말이나 행동을 보여서는 안 됩니다. 오히려 불안을 높일 수 있기 때문에 불안을 낮추는 방향으로 흘러가야 합니다.


❸ 자신의 몸을 보호해야 함을 알려주세요.

《남자아이 여자아이》와 같은 책을 통해 남성과 여성의 다른 점에 대해 이야기를 나누어보세요. 그리고 타인이 자신의 몸을 함부로 만지는 행위를 해서는 안 된다는 것을 분명히 알려주세요. 성 개념이 확고하게 서 있지 않은 상태이기 때문에 단순한 호기심으로 몸을 만지거나 보여주는 행위는 하지 말아야 한다는 걸 꼭 교육해야 합니다.

《좋아서 껴안았는데, 왜?》(이현혜 글·이효실 그림, 천개의바람)를 보면 서로 지켜야 할 '경계'에 대한 이야기를 하는 것도 좋습니다. 나라와 나라 사이에 국경선이 있고 내 물건과 남의 물건의 구분이 있듯이 사람 사이에도 지켜야 할 선이 있다는 것을 알려주세요.

## 함께 읽으면 좋은 그림책

《아기는 어디서 오는 걸까요?》 소피 블랙올 글·그림 | 키즈엠
《남자아이 여자아이》 조아나 에스트렐라 글·그림 | 그림책공작소
《엄마가 알을 낳았대!》 베빗 콜 글·그림 | 보림

## 9장

# 생활 속에서 시작하는
# 과학 교육

비 오는 일요일 오후, 김치부침개를 준비하고 있었다. 아이가 심심했는지 다가와 무엇을 하느냐고 묻는다. 평소에 자주 해먹던 음식이라 아이가 관심을 보이며 함께하고 싶다고 해서 일단 밀가루를 한 바가지 건네주었다. 보드라운 감촉이 좋은지 손에 잔뜩 묻히고 몸에도 여기저기 묻히며 놀고 있었다. 물을 조금 갖다주니 밀가루에 물을 붓고 국자로 휘휘 저으며 요리하는 것처럼 놀이한다. 변화를 보며 흥분한다. 요리 놀이에 집중한다. 주방 이곳저곳을 뒤지며 쓸 만한 것이 없는지 물어보는 아이 눈

빛이 생생하게 살아 움직이는 듯하다.

## 엄마 노트
– 유아기 과학교육의 목표는 주변 환경을 이해하는 것입니다.

유아기 아이들의 가장 큰 특징 중 하나는 상상력과 무한한 호기심입니다. 날아가는 새를 보고 새처럼 날고 싶다는 생각을 하고 코끼리의 커다란 몸집을 보고 나도 코끼리처럼 몸이 커지면 어떨까를 상상하며 즐거워합니다. 아이들의 장래 희망이 만화 속 공주나 영웅인 이유이기도 합니다.

과학(science)은 라틴어의 'scientia' 즉 알다(to know)에서 그 어원을 찾을 수 있습니다. 세상에 대해 아는 것, 알아가는 과정 그 자체를 의미한다고 볼 수 있지요. 미국국립과학재단(National Science Foundation)에 의하면 자신이 가진 지식으로 세상에 대해 해석하고 인식하려는 과정, 즉 '아는 것에서 모르는 것으로 가는 문'을 찾는 것을 과학이라 합니다. 그래서 그 문을 당기거나 밀어서 지식의 거품을 확장해간다고 하지요. 지식의 한계에 진지하게 도전하는 행동과 과정이 바로 과학입니다.

그렇다면 왜 과학 교육을 해야 할까요? 과학이란 세상에 대한 이해와 탐구의 과정입니다. 그 과정에서 문제를 해결해나가는 열쇠를 발견하기도 하고 자신을 둘러싼 자연과 환경을 이해합니다. 과학적 지식은 현상을 이해하는 눈을 갖게 하고 예측하고 탐구하고 문제를 해결할 수 있는 자세를 만들어줍니다. 이는 과학적 지식과 정보를 자신의 것으로 흡수해가는 과정도 포함하지만 이보다 더 중요한 과학적으로 사고하고 탐구하는 자세를 만들어준다는 데 큰 의미가 있습니다.

과학적 사고는 무엇일까요? 주변 세계를 이해하고 그것을 이해하는 방식을 자신만의 방법으로 발달시키는 데 도움이 되도록 하는 것이 과학적 사고입니다. 주변에서 일어나는 사회, 과학적 현상에 대해 논리적이고 객관적인 안목을 가지고 이해하려는 태도를 보이는 것이 유아기 과학교육의 궁극적인 목표입니다. 친한 친구나 주변 어른의 말을 덮어놓고 받아들이는 태도가 아니라 스스로 탐구하고 분석하는 자세를 갖는 것이 과학적 사고의 출발입니다.

궁금증과 호기심으로 시작된 과학에 관한 관심은 결국 자신에 관한 탐구와 철학적 질문으로 회귀하는 것이 과학의 또 다른 매력입니다. 자신뿐만 아니라 자신을 둘러싼 환경에 관한 탐구와 질문은 아이의 일상을 더 풍요롭고 의미 있게 만들어줄 수 있습니다.

## 그림책 처방

《그림자는 내 친구》(박정선 글·이수지 그림, 길벗어린이)는 빛과 그림자의 원리를 재미있게 파악할 수 있는 과학 그림책이에요.

"꼭꼭 숨어라 머리카락 보일라." 즐겁게 숨바꼭질 놀이를 하던 남매, 나무 위에 숨어있던 여자아이는 그림자 때문에 오빠에게 들키고 맙니다. 고양이는 자기 그림자를 숨기려고 더 큰 그림자 속에 숨기도 하고, 가면 놀이를 하기도 합니다. 그림자 연극에 이어 달빛에 비친 그림자와 함께 놀기도 하지요. 이런 놀이를 표현한 장면들은 그림자의 성질을 알려줍니다. 그림자는 빛을 가로막은 자리라는 것, 빛은 직진하는 성질이 있다는 것, 빛은 투명한 물체는 통과하고 불투명한 물체는 통과하지 못한다는 것과 같은 특성을 보여줍니다. 이와 같은 놀이는 아이들이 과학을 재미있게 느낄 수 있도록 돕는 마중물 역할을 합니다.

### ❶ 나와 관련된 것부터 시작해보세요.

과학을 너무 어렵게 생각하지 마세요. 자신의 몸에서부터, 자신의 주변에서부터 시작하는 것이 과학에 대한 관심도를 높일 수 있는 좋은 방법이에요. 《쿵! 중력은 즐거워!》와 같은 책을 통해 걸을 때, 철봉에 거꾸로 매달릴 때, 보이지 않는 힘 중력을 의식적으로 느껴볼 수 있어요.

**❷ 아이의 적극성을 지지해주세요.**

피아제의 인지적 구성주의 이론에 따르면 유아기 아이들은 세상에 대해 나름대로 이해하고 구성해나가는 적극적인 학습자입니다. 먼저 아이의 가슴과 머리를 열어줄 수 있는 지점을 찾아주세요. 아이가 흥미 있어 하는 곳에서부터 시작해보세요. 《그림자는 내 친구》에 등장하는 그림자놀이는 아이가 즐겁게 참여하면서 빛의 성질을 이해하고 경험할 기회를 제공합니다. 아이가 즐겁게 놀이에 참여하는 과정에 배우는 것은 기억에 오래 남아 앞으로 과학을 탐구하는 밑바탕이 됩니다.

**❸ 요리 활동을 통해 재료의 물리적 변화를 관찰해보세요.**

요리 활동은 그 과정 자체에서 탐색하고 관찰하고 비교하고 예측하고 의사소통할 기회가 많아요. 재료의 맛을 보고 냄새 맡아보는 오감 활동을 기본으로 적극적으로 탐구하는 태도를 경험하게 됩니다. 딱딱한 라면을 끓는 물에 넣으면 부드럽게 풀어지는 모습을 볼 수 있고 맛의 변화도 함께 관찰할 수 있습니다.

물을 냉동실에 넣으면 얼음이 되고 다시 실온에 두면 물이 되는 상태 변화를 경험하는 과정이 모두 과학입니다.

《꽁꽁꽁 피자》에 나오는 다양한 음식 재료의 생김새를 관찰하고 피자를 만들어가는 과정을 살펴보면서 실제 피자를 만들어보세요. 재료가 가진 특징을 이해함과 동시에 다양한 음식 재료가 모여 새로운 형태와 맛을 지닌 음식으로 재탄생하는 과정이 담고 있는 과학적 현상을 즐길 수 있습니다.

**함께 읽으면 좋은 그림책**

《안녕, 물》 앙투아네트 포티스 글·그림 | 행복한그림책

《쿵! 중력은 즐거워!》 정연경 글·강지영 그림 | 길벗어린이

《꽁꽁꽁 피자》 윤정주 글·그림 | 책읽는곰

## 10장

# 회복 탄력성의 비밀

## 우울한 날의 엄마 일기

엄마가 되고 나니 나의 마음 상태를 더 살피지 못하는 것 같다. 아이의 일거수일투족을 보살피다 보니 내 마음에 신경 쓸수 없어 많이 피로하다. 한 번 우울하다는 느낌을 받았을 때 헤어나오기 쉽지가 않다. 아이의 부족한 점이 보이면 어김없이 아이에게 화가 나고 불안하다. 그러고는 감정적으로 곤두박질치면 다시 올라오는 일이 쉽지 않다. 적극적이고 생동감 있고 도전적인 인생을 살지 못하는 나의 모습을 보면 한심하다. 아이도 나처럼 쉽게 좌절하고 허우적거리고 다시 일어나지 못하는 게 아닐까 걱정스럽다.

회복 탄력성이란 스트레스나 도전적 상황, 역경을 딛고 일어서는 힘입니다. 이는 상황 대처 능력, 적응력, 수용력까지 아우르는 말로 다르게 표현할 수 있습니다. 미국 회복 탄력성 센터의 창립자인 게일 M. 와그닐드 박사는 회복 탄력성이란 단지 역경을 극복하는 힘이 아닌 활력 있고 생동감 있고 즐겁고 진정성 있는 삶을 살 수 있는 능력을 뜻한다고 말합니다. 주도적으로 자신의 삶을 살아갈 수 있도록 만드는 능력이지요.

《유대인 엄마는 회복 탄력성부터 키운다》의 세 자녀를 세계적인 리더로 키워낸 저자 사라 이마스는 "당신의 자녀는 시련에 준비돼 있습니까?"라는 질문을 먼저 던집니다. 이스라엘에서는 가난하든 부유하든 '결핍'을 먼저 가르친다고 합니다. 어려서부터 시련에 대비한 유대인들은 사회에 나가서 '회복 탄력성'이라는 남다른 무기를 갖게 된다는 것입니다.

유대인 아이들은 일찍 철이 든다고 합니다. 갖고 싶은 것을 사달라고 부모에게 떼를 쓰지도 않고 결혼할 때도 제 힘으로 돈을 벌어 집을 삽니다. 사라 이마스 또한 아이들에게 값비싼 선물은 물론 어떤 물질적 도움을 주지 않았으나 두 아들 모두 성공해 행복한 가정을 꾸렸다고 합니다. 그 이유를 자신이 아이들에게 강한 생활력을 길러주었기 때문이라고 말합니다. 그녀는 돈은 아이들 스스로 벌 수 있는 것이므로 아이들이 새로운 환경으로 뛰어들거나 인생의 새로운 단계로 들어갈 때, 어려움을 겪을 때 적절한 조언을 해주고 정신적인 지원과 인생 경험을 통해 얻은 이치를 가르쳐주었습니다. 그리고 그런 것들이 물질적인 선물보다 훨씬 더 값지다고 확신합니다.

살다 보면 누구에게나 좌절이 찾아오지요. 또 수많은 시행착오와 좌절을 겪기도 합니다. 우리 아이도 예외일 수 없습니다. 이때 부모는 어떤 역할을 해주어야 할까요? 부모가 해줄 수 있는 일은 아이가 넘어지기 전에 미리 충고해주는 것 그리고 넘어진 후에 스스로 일어날 수 있도록 격려해주는 것뿐입니다.

## 그림책 처방

《슈퍼 토끼》(유설화 글·그림, 책읽는곰)는 거북이에게 달리기

시합에서 진 토끼 재빨라가 자신의 진짜 모습을 찾아가는 이야
기예요.

거북이에게 진 토끼 재빨라는 친구들이 떠들어대는 비난의
목소리를 들어야 했어요. 재빨라는 이 사실이 꿈이기를 바라
지요. 온 세상이 통째로 사라지는 상상까지 합니다. 하지만 세
상은 토끼를 이긴 슈퍼 거북 이야기로 떠들썩하고 자신에 대
해서는 깔보고 무시하는 것 같아요. 견디기 힘들어진 재빨라
는 달리기가 지긋지긋해집니다. 어떤 일이 있어도 달리지 않
겠다고 결심해요. 하지만 마음은 달리고 싶어 미칠 지경이지
요. 어느 날은 달리기 대회에 휩쓸려 재빨라는 자기도 모르게
달리기에 전력으로 참여합니다. 심장이 다시 원래대로 뛰기
시작하는 것 같은 재빨라는 행복을 느낍니다. 다시 나의 모습
을 찾은 것 같아 뛸 듯이 기쁩니다.

❶ 자신에 대한 알아볼 수 있는 시간을 주세요.
주인공 재빨라는 거북이와의 경주를 통해 쓰디쓴 패배를 경
험합니다. 친구들이 모두 자기를 향해 비난의 화살을 퍼붓는 듯
한 느낌에 마음이 아파요. 다시 달리기할 수 없을 것 같은 마음
이 들기도 합니다. 자신에 대한 아쉬운 마음이 커지면 나아가

자신을 쓸모없는 존재로 여기게 합니다. 하지만 나를 가장 잘 아는 사람은 나 자신입니다. 내가 무엇을 할 때 가장 나답고 행복한지 아는 사람은 나입니다. 그런 자신의 마음의 소리를 듣고 재빨라는 제자리로 돌아올 수 있었어요.

아이에게 자신의 목소리를 들을 힘을 키워주세요. 자신에 대해 알아보는 기회를 마련하는 시간이 나와 우리 아이에게 진정한 행복을 가져다줄 거예요.


**❷ 틀려도 괜찮다고 말해주세요.**

우리는 실수와 실패를 두려워합니다. 할 수만 있다면 곧고 평탄한 길만 걷고 싶지요. 그래서 아이가 실패했을 때 다른 기회가 찾아올 테니 괜찮다고 위로하는 것이 생각보다 쉽지 않아요. 아이의 실패가 나의 실패인 것 같고 앞으로 다가올 장래가 어두워 보이기도 합니다. 그래서 아이의 실수에 관대해지기 어렵습니다.

하지만 우리의 성장과 성공은 수많은 실수와 시행착오의 결과물입니다. 엄마라는 단어를 수만 번 말한 후에야 아이는 엄마를 정확한 발음으로 부를 수 있습니다. 여러 번 넘어져 무릎이 까이는 경험이 있어야 자전거 페달을 힘차게 밟고 나아갈 수 있어요. 우리는 이렇게 배웁니다. 그 과정에서 부모가 할 일은 "넘어져도 괜찮아, 그렇게 배우는 거야"라고 말해주는 것입니다. 이것이 가장 큰 힘이 된답니다. 아이가 커갈수록 아이를 대신해 줄 수 있는 부분은 점점 줄어듭니다. 어느 순간이 되면 아이는 스스로 결정하고 독립적으로 행동해야 하지요. 그런 순간이 다가왔을 때 실패가 두려워 포기하거나 시작조차 하지 못하는 아이의 모습을 바라봐야 한다면 어떤 마음이 들까요? "틀려도 괜찮다"라고 말해주고 시련을 즐길 수 있는 여유 있는 자세를 삶으로 보여주세요.

❸ 아이가 슬픔을 스스로 치유할 수 있도록 도와주세요.

아이가 슬픔에 빠졌을 때 부모는 무엇을 해줄 수 있을까요? 《슬픔을 치료해 주는 비밀 책》에는 슬픔에 빠진 소녀 롤리가 등장합니다. 그런 롤리를 옆에서 지켜보는 이모 제프는 슬픔을 극복할 방법을 알려주는 비밀 책을 보여줍니다. 비밀 책에는 슬픔에서 빠져나오는 일곱 가지 방법이 적혀있어요. 제프 이모는 롤리의 슬픔을 존중하고 '스스로 치유'할 수 있도록 안내한 것이지요. 슬픔에 빠진 아이의 감정을 존중하고 자신의 슬픔을 '스스로 치유'할 수 있도록 도와주세요.

## 함께 읽으면 좋은 그림책

**《슬픔을 치료해 주는 비밀 책》** 캐린 케이츠 글·웬디 앤더슨 핼퍼린 그림 | 봄봄출판사

**《틀려도 괜찮아》** 마키타 신지 글·하세가와 토모코 그림 | 토토북

**《괜찮을 거야》** 시드니 스미스 글·그림 | 책읽는곰

# 우리 아이 발달 이해하기

**No. 3 피아제 (Jean Piaget, 1896~ 1980) 인지 발달 이론**

아동 심리학의 아버지라고 불리는 스위스 철학자이자 발달심리학자 피아제는 인간이 지식을 어떻게 학습하는지에 관한 부분과 새로운 지식을 학습할 때 발생하는 기제(스키마)에 관한 연구에 집중했다.

피아제가 말하는 인지란 여러 가지 방법을 거쳐 기억에 저장한 후 이것이 필요한 상황에서 인출하는 정신 과정을 의미한다. 인간의 인지구조는 유아기부터 성인기까지 변화를 거치며, 변화 과정에서 일정 기간 나타나는 사고 양식에는 일관성이 있다고 보았다. 그는 인간의 인지발달이 네 단계에 걸쳐 발달한다고 설명한다.

| | 발달단계 | 특징 |
|---|---|---|
| 1 | 감각운동기 (0~2세) | 감각적 반사운동 |
| 2 | 전조작기 (2~7세) | 상징을 사용한 직관적 사고 |
| 3 | 구체적 조작기 (7~11세) | 사물 간의 관계 관찰, 사물 순서화 |
| 4 | 형식적 조작기 (11세 이후) | 논리적 추론, 추상적 원리와 이상 이해 |

### 1) 감각운동기 (0~2세)

이 시기의 가장 큰 특징은 감각 운동에 집중한다는 점이다. 0~2세 아이들을 떠올려보면 물고, 빨고, 만지고, 보고, 듣는 것과 같은 감각으로 세상과 소통한다는 것을 알 수 있을 것이다. 언어적 소통은 어려운 시기이며 자기 중심성이 강해 자신의 심리적 세계에만 존재한다.

### 2) 전조작기 (2~7세)

전조작기란 인지적 조작 이전 단계를 의미한다. 따라서 사물을 여러 관점에서 보지 못하고 한 가지 측면에서만 판단한다. 세 산(threemountains) 실험은 이 시기 아이의 사고 특징을 잘 보여준다. 그림 속 아이와 인형을 보고 인형이 어떻게 산을 바라보고 있을지 그려보라고 했을 때 이 시기 아이들은 인형이 아닌 자신의 관점에서 산을 그린다.

출처: santrok(2014)

세 산 실험

### 3) 구체적 조작기 (7~11세)

이 시기가 되면 구체적인 실제 경험, 물건과 같은 사실 근거에 의해 인지적 조작을 할 수 있게 된다. 개념이 발달하게 되지만 구체적 사물을 전제로 이루어진다는 점이 형식적 조작기와 다른 점이다. 점차 자기중심성보다는 객관화, 사회화된 방식으로 사고하는 논리성을 갖는다.

### 4) 형식적 조작기 (11세 이후)

문제 해결 과정에서 보다 합리적이고 논리적인 사고를 하게 되며 논리의 가역성도 갖게 된다. 현실과 가능성 사이를 오가며 탐구하기도 하며 진보적이고 혁신적인 사고가 가능하다.

피아제의 인지발달 이론이 우리에게 주는 교육적 시사점은 아동을 지식구성의 능동자로 보았다는 점이다. 아이의 정신은 지식을 구성해가는 능동적인 탐구가다. 따라서 우리 아이를 적극적인 학습자로 인식하고 지지해주는 것이 무엇보다 중요하다.

# Part 4

# 아이 발달을 읽어야
# 육아가 쉽다

## 1장

# 어디서나 환영받는
# 아이의 비밀

## 혼자 있는 아이가 고민인 날의 엄마 일기

　우리 아이는 한글, 수, 영어 등 다양한 수업을 일찍 시작했다. 한글도 쉽게 받아들이고 수 세기, 연산도 재미있어했다. 그런데 아이가 공부하는 시간을 즐기는 것에 비해 친구들과 노는 것을 그리 좋아하지 않는다. 혼자 생각하고, 만들고, 그리고, 읽는 것에는 잘 집중하지만 친구들과 이야기를 나눈다거나 놀이를 하는 상황에서는 늘 혼자 멀리 떨어져 있다. 아이에게 왜 그러냐고 물어보면 재미가 없다고만 이야기한다. 형제 관계를 통해 겪어보고 배워갈 만한 사회적 기술을 경험하지 못한 외동이라 그런 건지, 친구와 놀이하는 것보다 혼자 시간을 많이 보내서 그런 건지…. 생각이 깊어진다.

## 엄마 노트
- 아이의 기질을 먼저 파악해야 합니다.

아이가 주변에 친한 친구 하나 없이 외로운 섬 같다면 꽤 걱정스러운 상황이지요. 어디서나 환영받는 아이가 내 아이였으면 좋겠습니다. 사회성이 좋다는 것은 어떤 의미일까요? 다른 사람과 충돌하지 않고 원만하게 생활하며 사회 활동에 즐겁게 참여하는 것입니다. 더불어 자신의 행동을 조절하고 친사회적인 행동을 하며 의사소통 기술과 갈등 조정 능력을 갖추고 있는 상태를 의미합니다. 사회성은 발달의 종합선물세트와 같습니다. 발달의 조각은 사회성이라는 완성된 퍼즐을 이루기 위해 각자 의미 있는 역할을 합니다.

태어날 때부터 훌륭한 사회성을 갖고 태어나는 아이는 없어요. 아이를 둘러싼 의미 있는 인적 환경으로부터 아이의 사회성은 형성되고 변화해나갑니다. 그래서 아이를 둘러싼 환경을 어떻게 조성하고 자극을 주느냐는 유아기 사회성 발달에 지대한 영향을 미친답니다. 이 시기에 형성된 사회성은 성인이 될 때까지 사회생활의 근간을 마련할 정도로 매우 중요한 의미가 있으므로 사회성 발달에 방해가 되는 요인을 조절해주는 것이 필요합니다.

사회성 발달에 영향을 미치는 요인 중 가장 대표적인 것은 기질입니다. 예민하고 까다로운 성향, 낯을 많이 가리는 성향을 지니고 태어난 아이는 다른 사람과 관계 맺는 것을 힘들어할 수 있어요. 이는 고치겠다고 마음먹는다고 해서 쉽게 바뀔 수 있는 부분이 아닙니다. 엄마의 양육 방식이 아무리 훌륭하다고 해도 아이의 예민한 기질은 그것을 무력화시키기 쉽습니다. 따라서 아이의 성향을 잘 관찰하고 방향을 먼저 잡는 것이 중요합니다.

더불어 보호자와의 안정적인 애착 관계에 집중해야 합니다. 인간은 '불안'을 느낄 때 정상적인 발달을 이루어나가기 어려워요. 내적으로 안정적인 상태에 있다고 믿어야 외부 세계와 관계를 맺어나갈 힘이 생기지요. 애착은 사회성을 결정짓는 바로미터라 할 수 있어요.

또 하나 중요한 힘은 자존감입니다. 자존감이 높은 아이는 자신에 대한 깊은 호감과 신뢰를 바탕으로 타인과 원만한 관계를 형성해나가요. 약간의 갈등이 생긴다고 하더라도 자책하지 않고 의사소통 기술을 통해 조율해갑니다. 반면 자존감이 낮은 아이는 다른 사람의 평가에 민감하고 눈치 보기 급급한 경우가 많습니다. 사랑을 끊임없이 확인해야 안정감을 찾기 때문에 상대방의 말과 행동에 비합리적인 판단과 왜곡된 사고를 하는 경향이 있어요. 타고난 기질을 억지로 바꾸어보겠다는 위험한 판단에 앞서 아이의 성향을 잘 파악하고 건강한 자존감을 가질 수 있도록 도와주는 것이 필요합니다.

## 그림책 처방

《하나의 작은 친절》(마르타 바르톨 글·그림, 소원나무)은 하나의 작은 친절이 어떤 따뜻한 파장을 일으키는지 보여주는 글 없는 그림책이에요.

사랑하는 반려견을 잃어버린 한 사람이 반려견을 찾는다는 포스터를 들고 거리로 나섭니다. 그때 거리에서 노래하는 배고픈 연주자를 보고 자신의 사과 하나를 건넵니다. 길을 걷던 어떤 사람이 그 모습을 보고 나서 누군가가 바닥에 던져버린 쓰레기를 주워 쓰레기통에 넣습니다. 그 작은 친절을 우연히 본 한 남자아이는 풍선을 잃어버린 여자아이에게 자신의 주머니에 들어있던 동전을 모아 풍선을 선물합니다. 지금 당장 시작할 수 있는 '작은 친절'을 일깨우는 따뜻한 그림책입니다.

**❶ 사회적 기술을 키워나갈 수 있는 성공 경험을 주세요.**

미국의 심리학자 윌리엄 제임스는 자존감은 성공에 비례하고 욕심에 반비례한다고 말합니다. 엄마의 욕심을 낮추고 잦은 성공 경험을 주는 것이 자존감을 높이는 핵심이라는 것이지요. 친구에게 작은 과자 한 조각을 나누어주었을 때, "미안해", "고마워"라는 말을 사용했을 때 반응해주고 격려해주는 것이 그 시작입니다.

《하나의 작은 친절》에서는 나의 작은 친절이 꼬리를 물고 파장을 일으켜 세상을 바꾸는 큰 힘이 될 수 있음을 보여줍니다. 나의 작은 친절과 호의가 누군가에게 작은 울림이 될 수 있음을 알려주세요.

**❷ 개인의 개성과 차이를 이해하고 경험하도록 도와주세요.**

그림책《나는 너는》에는 같은 상황에 놓인 16명의 사람이 등장합니다. MBTI 성격 유형을 16가지로 나누어 설명한 것에 착안한 그림책으로 사람마다 가지고 있는 다양성을 알아보고 이를 이해해볼 수 있는 시각을 제공하지요. 누군가는 자전거 경주에서 어려운 상황에 닥친 동료를 보고 도와줍니다. 누군가는 일 등으로 그리고 누군가는 꼴찌로 들어오지요. 우리 모두 다른 능력과 색깔을 지닌 인격체입니다. 이를 인정하고 이해해줄 힘을 쌓아나가야 다른 이에게 따스하게 다가갈 수 있습니다.

**❸ 아이의 말을 경청해주세요.**

경청이란 상대의 말을 듣기만 하는 것이 아니라 말의 내용은 물론 그 말 속에 내포된 동기나 정서에 귀를 기울여 듣고 상대방에게 피드백해주는 것을 말합니다. 이 시기 아이들은 다른 친구의 말을 주의 깊게 듣는다는 것이 쉽지 않습니다. 서로 자기가 하고 싶은 이야기만 하는 때입니다. 그렇지만 성장하면서 아이들도 성인처럼 다른 사람의 말을 주의 깊게 듣고 그에 맞는 반응을 하며 적절한 호응을 해주어야 소통의 맛을 경험할 수 있게 됩니다. 그러려면 다른 사람이 자신의 말을 잘 들어주고 반응을 보여준 경험이 있어야 해요. 부모의 본보기는 이럴 때 빛을 발합니다.

## 함께 읽으면 좋은 그림책

《나를 봐》 최민지 글·그림 | 창비

《가시 소년》 권자경 글·하완 그림 | 천개의바람

《나는 너는》 김경신 글·그림 | 글로연

## 2장

# 문제 해결력,
# 그 생존의 기술

## 어떤 아이의 순발력에 놀란 날의 엄마 일기

놀이터에서 한 그룹의 무리가 엄마아빠 놀이를 하고 있다. 즐겁게 놀이를 하는 중에 장난꾸러기 남자아이가 훼방을 놓는다. 정성껏 만들어놓은 집에 자전거를 가져와 마구 들쑤시고 다니는 것이다. 그러자 한 아이가 불같이 화를 내며 소리를 질러댄다. 싸움이 크게 번질 찰나 한 아이가 이렇게 말한다. "너 우리랑 같이 놀래? 우리 집에 강아지가 없는데 너 강아지 할래? 우리가 강아지 간식 맛있게 만들어줄게." 이 말을 들은 남자아이는 타고 있던 자전거를 내팽개치고 세상에서 가장 귀여운 강아지 흉

내를 낸다. 적군을 순식간에 아군으로 만들어낸 그 아이의 말이
마음에 남는다.


## 엄마노트
- 모든 과정이 공부입니다.


"당신의 삶을 이야기해주세요. 살면서 어떤 결정을 했는지,
왜 그런 결정을 했는지를 말해주세요. 당신이 맞닥뜨렸던 가장
어려웠던 문제는 무엇이고 그것을 어떻게 해결했나요?"

테슬라 CEO 일론 머스크가 면접 때 하는 질문입니다. 그는
자기 스스로 세밀하고 진지하게 문제를 해결해본 경험이 있는
지를 그 어떤 경험보다 중요하게 여긴다고 해요. 삶은 다양한
문제를 해결해가는 선상에 있습니다. 우리에게 다가오는 문제
를 어떻게 받아들이고 판단하고 해결해나가는지에 따라 인생
은 다양한 국면을 맞이합니다.

크고 작은 문제를 해결해가는 과정에서 우리는 '지혜'와 '안
목'을 가지고 판단해야 합니다. 우리의 과거를 돌아볼까요. 유
년기, 학령기, 청소년기, 청년기 각각 시기마다 문제를 받아들
이는 자세와 해결해가는 방법이 달랐습니다. 아이 엄마가 되고

보니 또 세상을 보는 안목이 많이 달라져 있고 문제를 해결해가는 방식이 달라졌음을 느낍니다. 어릴 때보다 조금 더 여유롭고 지혜롭게 해결할 수 있는 혜안이 생긴 것 같기도 합니다. 다양한 실패와 성공 경험이 우리를 그렇게 이끌었다고 할 수 있지요.

우리 자녀도 스스로 판단하고 시도해보고 결과를 맛보아야 문제 해결력이라는 근육이 단련되겠지요. 그 과정이 달콤할 수도, 쓰고 떫은 덜 익은 맛일 수도 있어요. 쓴맛, 단맛 모두 맛보아야 정말 중요한 순간에 어리석은 선택을 하지 않습니다. 다양한 공부방법을 경험해보아야 자신이 가장 잘할 수 있는 공부 전략을 가지고 승부를 볼 수 있는 것처럼 말이죠.

열심히 쌓아놓은 블록을 동생이 다가와서 부숴버린 상황에 아이가 어떻게 반응하면 좋을까요? 동생에게 달려가 화를 내고 소리를 지르고 발로 차며 제대로 된 복수를 할 수도, 이왕 무너진 블록을 모아 바구니에 담아 블록을 사고파는 역할놀이를 할 수도 있습니다. 화가 난 마음을 표현하는 방법은 다양합니다. 모든 것은 아이의 선택입니다. 아이의 방법입니다. 여러 방법을 사용해보고 또 다른 사람이 문제를 해결하는 과정을 보면서 아이는 자신의 문제해결 전략을 수정해보기도 하고 공고히 하기도 할 거예요. 경험이 모두 공부랍니다.

## 그림책 처방

《쥐돌이와 팬케이크》(나까에 요시오 글·우에노 노리코 그림,
비룡소)는 자신의 의도와 친구들의 요구가 다른 상황에서 지혜
롭게 상황을 풀어가는 쥐순이의 이야기예요.

쥐순이는 장을 보고 돌아오는 길이에요. 쥐돌이에게 팬케이
크를 만들 테니 친구들과 먹으러 오라고 전합니다. 이 말을 들
은 쥐돌이는 쥐순이가 요리를 잘한다며 동물 친구들을 불러
옵니다. 동물 친구들은 쥐순이에게 각자 먹고 싶은 요리를 줄
줄 말하기 시작해요. 바나나요리, 생선요리, 당근요리, 치즈
요리…. 팬케이크를 굽는 쥐순의 마음이 무겁습니다. 쥐순이
는 친구들이 원하는 음식을 만들 수 있을까요?

❶ 쉽게 포기하지 않도록 도와주세요.

쥐순이에게 문제가 생겼어요. 친구들을 위해 팬케이크를 구
워주려고 생각한 일이 대단한 요리를 만들어야 하는 큰일로 번
진 것이죠. 그 상황에서 쥐순이는 친구들에게 다시 돌아가라고
할 수도, 원래 계획한 대로 자신 있게 만들 수 있는 팬케이크를
한 판 먹음직스럽게 만들 수도 있었을 것입니다. 쥐순이는 자신

에게 닥친 문제 상황에 대해 고민하고 생각하고 해결할 방법을 찾아냅니다. 쥐순이의 아이디어는 결국 모두를 행복해하게 만들어줍니다.

문제가 생기면 엄마부터 부르고 못하겠다고 덮어두는 일상을 반복해서는아이가 재대로 성장할 수 없겠지요. 아이에게 닥친 문제 상황을 엄마가 앞장서서 해결해주는 대신 이렇게 이야기하면 주면 좋겠어요. "어렵고 힘든 숙제가 될 수 있을 거야. 하지만 이 시간을 통해 너의 생각 주머니는 더 커지고 더 튼튼해진단다. 포기하지 않으면 된단다."

❷ 다양한 생각, 다양한 경험을 격려해주세요.

문제 상황과 비슷한 다양한 경험이 있다면 훨씬 쉽게 그 문제를 해결할 수 있습니다. 만약 침대 밑에 공이 데굴데굴 굴러 들어갔다면 어떻게 해야 할까요? 이런 문제를 처음 접해본 아이와 다양한 시도를 해본 부모의 해결방식과 소요 시간에는 엄청난 차이가 있습니다. 처음 시도한 아이의 해결방법이 영 시원치 않아 보일 수 있어요. 하지만 엉뚱하고 비효율적인 방식을 시도하더라도 아이를 격려해주세요. 수많은 시도가 아이를 자라게 하기 때문이죠. 스스로 찾아낸 해법이 다른 문제를 해결하려고 하는 의지를 만들어줍니다.

**❸ 낯선 곳을 여행해보세요.**

낯선 곳은 다양한 문제가 존재하는 보물섬과 같습니다. 아이들에게 낯선 곳은 다양한 문제를 해결해볼 기회의 장입니다. 같은 해변이라도 보드라운 진흙을 밟을 때와 알갱이가 굵은 모래 위를 걸을 땐 걸음걸이와 자세가 달라집니다.

처음엔 누구나 길을 잃을 수 있어요. 지름길을 코앞에 두고 돌아 돌아 시간과 에너지를 허비할 때도 있습니다. 수많은 상황 속에서 수많은 선택을 하고 난해한 문제를 해결해나가는 과정 자체가 배움입니다. 자녀에게 부모의 시행착오 과정을 보여주어도 좋아요. 그것을 통해서도 얼마든지 배울 수 있답니다. 어디든 좋으니 떠나보세요.

## 함께 읽으면 좋은 그림책

**《웅덩이를 건너는 가장 멋진 방법》** 수산나 이세른 글 · 마리아 히론 그림 | 트리앤북

**《모자를 보았어》** 존 클라센 글 · 그림 | 시공주니어

**《문제가 생겼어요!》** 이보나 흐미엘레프스카 글 · 그림 | 논장

## 3장

# 창의력이
# 모든 것을 이긴다

## 아이의 창의력이 걱정인 날의 엄마 일기

창의 수학 학원 광고 전단지 한 장을 받았다. 왜 창의력이 중요한지, 어떻게 창의력을 키워줘야 하는지 조목조목 써놓은 광고지를 한참 살피다 보니 마음이 흔들린다. 학원에 전화해서 물어보고 싶은 것이 많았지만 결국엔 사교육비 지출이라는 점을 고려하지 않을 수 없기에 남편과 먼저 상의해보기로 했다. 창의성이 학원에서 길러질 수 있는 것이라면 이런저런 학원에 다니는 아이들의 창의성이 남다르게 돋보여야 할 텐데 그런 것 같지도 않다. 무엇이 문제일까? 가정에서 창의성을 키워주려면 무엇부터 신경 써서 가르쳐야 하는지 알아봐야겠다.


## 엄마 노트
### - 아이의 호기심을 꺼뜨리지 마세요.

**상상력은 지식보다 중요하다.**

◦ 알베르트 아인슈타인


　전 세계인의 스타 BTS를 키워낸 방시혁 대표, 줌(Zoom)으로 실리콘밸리 신화를 이룩한 에릭 유안, 연체료 없이 비디오를 빌려준다는 발상으로 시작한 넷플릭스 창업자 리드 헤이스팅스, 중고 거래 플랫폼 당근 마켓 창업자 김용현 대표. 이들의 공통점은 기존 조직이 가지고 있는 고정관념을 깬 발상의 전환으로 혁신을 일궜다는 점입니다. 주변 사람에게 무시당하고 황당하다는 평가를 받았지만, 주눅 들지 않고 새로운 발상을 거듭해 이뤄낸 결과물이죠. 바로 창의성으로 히트 친 사람들입니다.

　세계적인 미래학자 다니엘 핑크는 4차 산업 혁명 시대를 '하이 콘셉트' '하이 터치'의 시대라고 말합니다. 정보를 모으는 것보다 어떤 콘셉트를 가지고 바라보느냐가 중요하다는 말이죠.

혁명적인 시대를 살아갈 우리 아이들은 인공지능, 로봇과 필연적으로 경쟁하면서 도태되었다는 무력감에 빠지기 쉽습니다. 따라서 자신만의 영역을 찾고 도전하며 역경을 넘어서는 무기가 있어야 해요. 그것이 창의력입니다. 하지만 부모들은 이런 시대를 직접 경험해보지 못해 상상만 할 뿐 도대체 그림이 잘 그려지지 않습니다.

시대적인 요구가 아니더라도 인간은 누구나 자신의 존재를 타인에게 인정받고 제 생각이 남과 다르고 특별하다는 점을 인정받고 싶어 합니다. 나를 향해 "좋은 생각이야"라는 말을 하고 엄지손가락을 치켜 든 상대방의 얼굴을 마주하는 것은 무엇보다 기쁜 일입니다. 인간은 남과 다른 자신만의 생각을 하기 원하기 때문이죠. 다른 사람이 생각해내지 못한 특별한 것을 생각해내기 원합니다.

그렇다면 창의력이 높은 아이는 어떤 특징이 있을까요? 뛰어난 집중력과 풍부한 상상력, 끊임없는 질문, 남다른 감수성을 갖고 있습니다. 똑같은 상황, 사물을 바라보고도 새로운 의미를 발견해내는 안목이 있지요. 특히 3~6세 사이 아이의 뇌는 사고와 인성을 담당하는 전두엽 발달이 최고조에 이릅니다. 창의성이 최고조로 발달하는 시기를 살고 있죠. 사물을 바라보는 시각과 해석하는 시각이 성인의 것과는 다릅니다. 탄성이 나올 정도입니다. 하지만 성장할수록 그런 시각이 점점 평준화되고 자기 색깔을 잃어가기 시작합니다.

존 듀이는 이런 말을 남겼어요. "타고나기를 지적 호기심이 너무나 강해서 어떤 것도 그것을 누그러뜨릴 수 없는 사람들도 존재하지만, 대부분 사람에게 호기심의 모서리는 쉽게 무뎌지고 뭉툭해진다." 우리의 현실과 같습니다. 아이의 호기심은 바람에 흔들리는 촛불처럼 위태롭습니다. 그러므로 호기심의 촛불이 꺼지지 않도록 적절한 자극을 주어야 합니다. 아이의 어처구니없는 질문과 생각에도 경청하고 궁금해해야 할 이유는 분명합니다.


## 그림책 처방

《네 개의 그릇》(이보나 흐미엘레프스카 글·그림, 논장)은 단순한 네 개의 그릇으로 다양한 이야기를 만들어가는 상상력 가득한 그림책이에요.

종이를 잘라 그릇 네 개를 만들었습니다. 네 개의 그릇은 우산으로 변신하고 선글라스로 변신하기도 합니다. 그리곤 갑자기 무거운 역도기가 되네요. 바람개비, 바다 위 섬, 거북이 등 껍질, 달, 아가 얼굴, 둥근 시계도 만들 수 있어요. 그릇 세 개를 포개니 나무가 되기도 합니다. 알파벳의 모양 속에도 네 개의 그릇은 숨어있어요. 자동차의 바퀴, 아이들의 모자, 탱크 바퀴, 군인 아저씨의 모자, 아이의 웃고 우는 입은 네 개의 그릇으로 만들기 어렵지 않아요. 무엇이든 상상해보세요.

**❶ 다양한 사고와 다양한 경험을 하도록 도와주세요.**

창의력이란 여기저기 흩어져있던 정보와 경험이 적절한 순간에 만나 새롭게 결합해 새로운 아이디어를 만들어내는 것입니다. 《네 개의 그릇》에 나오는 갈색 그릇 네 개는 예상치 못한 용도로 사용됩니다. 비를 피하는 우산이 되어주기도 하고 해를 가려주는 선글라스로 바뀌기도 합니다. 하나의 모양이 어느 곳에서 어떤 용도로 사용되느냐에 따라 서로 다른 모습으로 나타납니다.

아이의 생각도 이처럼 일정한 방향성 없이 움직이지요. 그 움직임에 박수를 보내고 더 자유롭고 즐겁게 날아가도록 격려해주세요. 구글, 픽사와 같이 창의적인 회사에서는 두려움 없이 자기 생각을 이야기할 수 있는 분위기를 만드는 것에 큰 가치를 둡니다. 아이가 자기 생각을 말할 때 인정받는 느낌이 들도록 해주세요. 그것만으로도 아이는 자신 있게 다음 과정을 향해 힘 있게 날갯짓할 수 있을 거예요.

❷ 부모의 섣부른 간섭과 지시를 잠깐 멈춰주세요.

무엇이 창의력을 키워주는지 알아보기 위해 부모의 양육 방식과 가족 관계 등을 조사한 결과가 있습니다. 부모가 일일이 통제하고 간섭하는 아이보다 자율성과 독립심을 주는 아이의 창의력이 높은 것으로 나타났습니다. 아이디어를 중시하는 유명 기업에서는 업무의 효율성을 높이기 위해 하고 싶은 일을 할 수 있는 자유 시간을 줍니다. 긴장이 없는 편안한 환경에서 좀 더 창의적인 생각을 할 수 있기 때문이지요. 창의력이 높은 아이와 낮은 아이가 있는 것이 아니에요. 타고난 창의력과 호기심을 얼마나 잘 보존해주느냐와 그렇지 않냐의 문제입니다. 부모의 섣부른 간섭과 지시가 아이의 소중한 창의성이라는 불씨를 꺼뜨리는 아쉬운 장면이 될지 모릅니다. 불씨를 지켜주세요.

❸ 호기심과 상상력 가득한 이야기를 나누어주세요.

《엘리베이터 여행》에 보면 주인공 로자가 엘리베이터를 타고 7과 3이라는 숫자로만 이루어진 낯선 세계로 빠져듭니다. 엘리베이터에서 7을 누르면 일곱 난쟁이, 일곱 마리 백조, 일곱 마리 염소, 일곱 마리 까마귀 등 모두 일곱 개로 된 세상에 들어갑니다. 상상만으로도 흥미롭고 또 다른 상상의 주머니가 커지는 느낌이 듭니다.

이런 이야기를 함께 보며 상상 놀이를 즐겨보세요. 아이의 상상력을 자극하고 현실에서 실현하기 어려운 것들을 상상 속에서 마음껏 실현해볼 수 있도록 도와준답니다. 이 과정에서 이루어지는 부모와의 다양한 대화 내용은 아이의 창의력과 상상력을 극도로 활성화할 수 있습니다. 제한하지 않는 대화와 생각의 연결 고리가 강력하고 길게 연결될 수 있도록 도와주세요.

## 함께 보면 좋은 그림책

《엘리베이터 여행》 파울 마르 글·니콜라우스 하이델바흐 그림 | 풀빛

《리본》 아드리앵 파를랑주 글·그림 | 보림

《이봐요, 까망 씨!》 데이비드 위즈너 글·그림 | 비룡소

# 4장

# 즐거운 언어생활

## 아이의 표현 방식이 걱정인 날의 엄마 일기

며칠 전 놀이터에서 있었던 일이다. 아들이 울면서 나에게 뛰어오더니 "엄마, 진짜 짜증 나. 아, 열 받아. 진짜 화나!"라고 말하며 감정을 주체하지 못하고 억울한 심정만 토로하고 있었다. 아이의 속상한 마음이 어느 정도 전해졌으나 상황은 알 수 없었다. 잠시 후 한 아이가 쪼르르 엄마에게 달려가 이렇게 이야기한다. "엄마, 지아랑 윤서가 놀고 있어서 나도 같이 놀자고 했거든. 그런데 나는 안 끼워줘서 서운했어. 내 말을 못 들은 척하고 자기들끼리만 놀아서 나 너무 속상해." 우리 아이의 전달 방식과 다른 친구의 표현에서 큰 차이를 느꼈다. 같은 나이인데 상황을 표현하는 방식과 어휘 구사력에 극명한 차이를 보이는 모습을 보고 여러 생각이 들었다.

## 엄마 노트
– 가정에서 사용하는 언어의 양과 질을 높여주세요.

같은 한국인이라고 해서 같은 수준의 언어를 구사하는 것은 아닙니다. 성인이 된다고 해서 같은 격을 갖춘 언어 구사자가 되는 것도 아닙니다. 의사소통에 문제가 없다고 해서 언어 능력이 완성되었다고 보기는 어렵지요. 아이의 언어도 마찬가지입니다. 아직 아이가 어리다고 그들의 언어가 시간이 지나면 같은 수준의 언어 능력을 갖출 것으로 생각하는 것은 오산입니다.

모국어는 학업 성취도와 사회생활 등 생의 여러 영역에 걸쳐 지속적인 영향을 미치는 중요한 요소입니다. 유치원에서 아이를 만나다 보면 저마다 갖추고 있는 언어 능력이 매우 다름을 볼 수 있어요. 공통적인 점은 언어 능력이 좋은 아이가 인지, 사회, 창의력, 문해력 등 다양한 면에서 눈에 띄는 역량을 보인다는 점입니다.

언어는 사고를 정교하게 합니다. 인간이 다른 동물과 다른 이유는 언어 사용을 통한 사고 발달 측면을 간과할 수 없다는 점이에요. 개인적인 느낌과 생각에 의미를 부여하고 적절한 언어를 골라내 구사하는 과정에서 전두엽이 발달합니다. 그래서 언어를 사용하도록 환경을 제공해주는 것은 인간 발달 측면에 있어 매우 중요한 부분입니다. 깊이 있게 생각하고 표현하는 과정 자체에서 성장을 도모할 수 있습니다.

언어가 가장 급속도로 발달하는 시기는 6~12세 사이라고 일반적으로 이야기합니다. 언어를 사용하는 것은 청각 피질에서 들은 언어를 베르니케 영역에서 소리와 의미를 연결해나가는 과정과 같습니다. 브로카 영역에서 적합한 말을 찾고 운동 피질을 통해 말을 하지요. 시각, 청각, 운동 등 여러 영역의 복합적인 결합의 산물이 바로 언어입니다.

언어 발달에는 결정적 시기가 존재합니다. 방에만 갇혀 지내다 13살에 발견된 지니라는 아이는 말을 들을 기회, 할 기회, 배울 기회를 모두 잃어버렸습니다. 지니의 모국어 발달을 돕기 위해 전문가가 나섰지만 끝내 모국어를 습득하지 못했어요.

영유아기에는 언어의 양과 질적인 면에서 깊이와 속도를 결정합니다. 따라서 가정에서 일상 언어를 잘 습득할 수 있도록 공을 들여야 합니다. 일상에서 부모가 어떤 말을 사용하고 어떤 언어 자극을 주느냐에 따라 아이의 언어 수준이 달라집니다.

## 그림책 처방

《고구마구마》(사이다 글·그림, 반달)는 고구마의 다양한 생김새를 재미있게 표현한 그림책이에요.

고구마라는 단어가 이렇게 흥미진진한 요소를 담을 줄 상상도 못했습니다. 고구마라는 소재가 주는 친근함과 편안함이 '~구마' 라는 어구와 짝을 이루어 읽는 내내 궁금증을 자아냅니다. '둥글구마' '길쭉하구마' '크구마' '작구마' 등 고구마의 생김새를 이용해 고구마의 이름을 쏙쏙 붙여주는 일은 독자가 책장을 계속 넘기도록 만듭니다. 이렇게 재미있는 이름을 가진 고구마를 먹고 난 후 일어나는 생리현상, 고구마 방귀는 또 다른 재미를 더합니다. 고구마에 버금가는 역동적인 단어를 찾고 싶은 충동을 불러일으키기에 부족함이 없습니다. 자, 이제 단어 사냥에 나서볼까요?

**❶ 말놀이의 즐거움을 경험하게 해주세요.**

목적지에 이르는 가장 효율적인 방법은 '즐거움'이라는 친구와 함께하는 거예요. 말을 배우는 과정도 마찬가지입니다. 즐겁게 배우고 익히면 쉽게 잊히지 않아요. 옹알이를 시작으로 아이는 말하기를 배울 준비를 합니다. 그렇다면 말하기를 즐길 수 있는 주변 환경을 어떻게 조성해주면 될까요?

《고구마구마》의 말놀이처럼 우리말을 통해 느낄 수 있는 언어의 즐거움을 경험해볼 수 있도록 도와주세요. 리듬과 운율을 지닌 단어를 말하고 들어보는 가운데 말하기 연습과 듣기 연습이 이루어지기 때문이지요. 이와 더불어 단어를 말해주고 연상되는 단어 연결하기, 문장 이어가며 이야기 꾸미기, 단어 설명하기와 같은 일상에서 해볼 수 있는 언어 놀이는 다양한 자극을 줌과 동시에 말하기의 즐거움을 동시에 느낄 수 있도록 돕는 방법입니다. 아이의 언어 수준을 탓하기 전에 가정에서 어떤 자극과 즐거움을 주었는지 돌아보는 시간을 먼저 가지길 바랍니다.

**❷ 구체적이고 정확한 표현을 하도록 도와주세요.**

프랑스의 한 유치원에서 한 실험입니다. 교사들은 의도적으로 아이들과의 대화에서 문법적으로 오류가 없는 정확한 문장과 문맥에 맞는 정확한 어휘를 사용했어요. 내용을 생략하지 않는 구체적이고 복잡한 문장을 사용하고 아이들의 표현 중에 모호한 표현은 정확하게 수정해주었습니다. 실험 결과 아이들은 문장을 좀 더 정확하고 구체적으로 표현하게 되었다고 합니다.

일상 대화를 할 때 아이에게 다양하고 새로운 단어를 노출 시키는 것은 중요합니다. 다양한 단어를 이용해 생각을 좀 더 구체적이고 명확하게 표현해내는 능력은 무엇보다 중요하기 때문입니다. '이것' '저것'과 같은 대명사만으로도 의사소통은 충분히 가능합니다. 하지만 이런 정도의 의사소통 능력을 지닌 사람과 정확하고 고급스러운 어휘를 사용해 상황을 설명해낼 수 있는 사람의 의사소통 능력에는 분명한 차이가 있습니다.

❸ 대화를 즐기는 분위기를 만들어주세요.

MIT, 하버드 대학교, 펜실베니아 대학교 연구진은 아동이 듣는 언어의 양보다 아이와 주고받는 '대화의 양'이 언어 능력 발달에 더욱 영향을 주었다는 결과를 내놓았어요. 이는 부모의 소득이나 교육 수준과도 관계가 없었다고 해요. 자녀와 질적인 대화를 나누지 않은 고소득층 아이는 언어 능력과 두뇌 반응에서 성취도가 낮았다는 것입니다. 반면 대화가 풍부하게 일어난 저소득 가정 아이의 성취도는 높은 것으로 나타났습니다. 양질의 대화가 그 어떤 변인보다 중요하다는 점, 기억해야겠습니다.

《아 진짜》(권준성 글·이장미 그림, 어린이아현)라는 그림책에 나오는 글자는 "아 진짜"뿐이에요. 그래서 재미납니다. 그림을 보며 숨어있는 말을 상상해보는 과정이 꽤 흥미진진하거든요. 이렇게 대화를 유도하는 그림책으로 아이와 함께 이야기를 나누어 보세요. 그림책 속에 드러난 상황과 자신의 상황을 연관시킬 수도 있고 나만의 이야기를 만들어갈 수도 있답니다. 우리 가족의 이야기를 함께 나누어볼 수도 있어요. 아이가 보는 세계, 엄마 아빠가 경험한 세계의 교집합을 찾아가는 과정은 언어 능력 향상뿐 아니라 가족 간의 대화를 꽃피우게 만드는 시간을 함께 선물해줄 거예요.

## 함께 읽으면 좋은 그림책

《모모모모모》 밤코 글·그림 | 향출판사

《홀라홀라 추추추》 카슨 앨리스 글·그림 | 웅진주니어

《빨주노초파남보 색깔 말놀이》 박정선 글·윤미숙 그림 | 시공주니어

## 5장

# 평생을 즐겁게 해줄
# 예체능 교육

## 마음이 조급한 날의 엄마 일기

옆집 아이는 피아노 학원에 다니기 시작했다고 한다. 계이름을 외우며 피아노 건반을 제법 능숙하게 다루는 모습을 보니 마음이 급해졌다. 우리 아이도 가르쳐야 하나 잠깐 고민이 되었다. 예체능 교육은 어릴 때부터 시작하는 게 좋다고 하지만 벌써 시작해야 하는지 잘 모르겠다. 운동도 잘해야 학교 가서 인기도 있고 또래 친구하고도 잘 어울릴 수 있다고 하던데 축구나 태권도 수업도 좀 알아봐야 할 것 같고, 마음이 바쁘다.

## 엄마 노트

### - 유아기 예체능 교육, 거창하게 생각하지 않아도 됩니다.

성취감, 중요한 문제입니다. 자존감이 형성되는 유아기에는 더욱 그러합니다. 그렇다면 무엇이 유아기 아이들에게 성공 경험을 줄 수 있을까요? 예체능 활동은 오감을 모두 사용하는 경험이면서 동시에 크고 작은 성취를 가능하게 돕습니다. 붓으로 선을 그어보는 경험, 피아노 건반을 건드려보다가 익숙한 멜로디를 이어가보는 경험, 철봉에 매달려보는 경험 등 이 모든 것은 자신의 신체를 이용하는 과정에서 대단한 성취감과 쾌감을 경험하게 합니다.

유아기 신체 활동은 운동능력 향상 이외에 어떤 의미가 있을까요? 캐나다의 한 연구에서는 일주일에 5시간씩 신체 활동을 하는 아이는 2시간 정도 하는 아이에 비해 수학, 영어, 자연, 과학 등의 성적이 뛰어나다는 사실을 발견했습니다. 일리노이주의 초등학교 3~5학년생 259명을 대상으로 체질량을 측정하고 달리기, 팔굽혀펴기, 윗몸일으키기와 같은 기초 운동을 시킨 결과 운동능력이 뛰어난 아이들이 지능 수준도 높았답니다. 기본적인 운동기능은 5세 이전까지, 뇌의 운동신경은 2~11세까지 발달합니다. 따라서 이 시기 신체 활동은 무엇보다 중요한 과업이라 할 수 있습니다. 몸을 움직이면 생각도 움직입니다.

정답이 없는 활동을 할 때 자유로운 사고가 가능합니다. 아이들의 생각에는 제한이 없지요. 그 생각을 표현하고 이끌어주는 도구 중 하나가 미술 활동입니다. 상상한 것, 되고 싶은 것, 경험한 것, 알고 있는 것을 표현하고 싶은 것이 인간의 기본 욕구입니다. 따라서 미술 교육은 아이의 내면을 자유롭고 창의적으로 표현하는 데 중점을 두어야 합니다. 기교가 뛰어난 그림을 그리는 것이 목표가 되어서는 안 됩니다. 자기 생각을 거침없이 표현하고 고정관념에 얽매이지 않은 자유로운 표현의 장이 되도록 도와준다면 스트레스 해소와 창의력, 상상력 발달에 도움을 줄 것입니다.

"내가 세계 누구보다도 소위 사실적으로 진짜와 똑같이 그리는 데는 불과 몇 년이 걸리지 않았다. 하지만 아이들처럼 그리는 방법을 터득하는 데는 내 평생의 시간이 걸렸다." 파블로 피카소의 말입니다. 아이만의 세계와 표현 방법은 그만큼 소중하고 가치 있다는 말이겠지요. 미술 교육에 있어 우리가 유념해야 할 것은 아이가 그리는 방법에 섣불리 간섭하거나 평가하지 않는 것입니다. 아이 스스로 관계와 질서를 만들어가는 시간을 존중해주세요.

음악은 누구나 좋아합니다. 인간은 어릴 때부터 '박자'를 느낀다는 실험결과가 있습니다. 헝가리 과학 아카데미 심리학자 이스트반 빙클러가 2009년 보고한 실험인데요, 빙클러는 잠든 신생아에게 헤드폰을 씌우고 단순한 타악기 리듬을 들려주었어요. 주요 리듬을 제거하자 신생아의 뇌전도가 급하강했습니다. 신생아의 청각 시스템이 주기성을 포착할 수 있다는 사실을 알려주는 실험 결과입니다. 풍부한 음악 경험은 뇌에 흔적을 남깁니다. 유아기 아이들에게 음악은 자신을 표현하는 중요한 도구이며 내면의 위로를 주고 뇌에 강한 흔적을 남기는 중요한 도구랍니다.

## 그림책 처방

《손바닥 동물원》(한태희 글·그림, 예림당)은 손바닥을 이용한 다양한 표현 방식을 보여주는 그림책입니다.

가족이 동물원으로 향합니다. 동물원 가는 길에 만난 향기 나는 꽃부터 동물원에서 만난 커다란 코끼리, 키다리 기린, 줄무늬 얼룩말, 다정한 토끼 가족, 잠꾸러기 사자, 메롱 혀를 내밀고 있는 호랑이 모두 손바닥으로 뚝딱 그려냈습니다. 당장에라도 따라 그리고 싶게 만드는 그림책이에요. 손바닥이 만들어낸 새로운 모습이 아이들의 창의력과 표현 욕구를 자극합니다. 재미있게 그림책을 읽고 나면 나만의 그림을 그리고 싶은 마음 불끈 솟아납니다.

## ❶ 음악적 감수성을 키우려면

음악 교육 하면 악기 교육을 떠올리기 쉽지요. 하지만 유아기에는 신체 협응력이 부족한 상태이므로 기술이나 기능 습득이 아닌 놀이를 통한 감수성 키우기에 집중하는 것이 좋습니다. 이를 위해 다양한 소리와 음악 듣기를 추천합니다. 빗소리, 발소리, 종이 구기는 소리, 음식할 때 나는 소리, 동물의 울음소리, 파도 소리, 다양한 리듬과 박자 멜로디를 구현한 음악을 들으면서 자신의 감정을 신체, 언어, 미술 등의 방법으로 표현해보게 하는 것이 좋아요. 음악회나 뮤지컬과 같은 공연 감상, 가정에서 폐품을 이용해 엄마표 악기를 만들어보는 것 또한 음악을 즐기고 음악적 재능을 깨우는 시간이 되어준답니다.

## ❷ 신체 운동능력을 높이려면

이 시기 신체 활동 시간은 즐거운 마음으로 마음껏 에너지를 발산할 수 있는 시간이 되어야 합니다. 운동이 가져오는 효과를 인지했다고 해서 유아기 운동이 또 하나의 학습 연장이 되어서는 곤란합니다. 지나치게 기능 위주의 운동으로 내몰기보다는 스트레스를 해소하고 긴장도를 낮추는 신체 활동을 제공해야 합니다. 간단하게는 동네 공원 산책이나 달리기, 공놀이, 등산 같은 활동이 좋아요. 동네 문화센터나 체육센터 등을 통해 다양한 운동 종목을 보여주고 선택해보게 하는 것도 좋은 방법입니다. 수영, 줄넘기, 발레, 태권도와 같은 유산소 운동뿐 아니라 축구와 같은 단체 운동을 통해 협동심과 전략을 구사하는 운동도 좋습니다.

### ❸ 미적 감각을 가지려면

《손바닥 동물원》에 나오는 것과 같이 정답이 없는 재미있는 활동부터 시작하는 것이 좋습니다. 대단한 기술을 가르쳐야겠다는 목표를 가진 거창한 수업일 필요는 없어요. 가정에서 할 수 있는 간단한 활동을 통해서도 충분히 미적 감각과 예술성을 발현시켜줄 수 있습니다. 집에 있는 다양한 재료를 모아놓기만 해도 아이의 창작 욕구를 자극할 수 있어요. 폐품을 활용한 만들기, 밀가루를 이용한 점토 활동, 막대기로 흙바닥에 그림을 그려보는 것 또한 훌륭한 자기표현의 시간입니다.

아이의 작품에서 눈에 띄는 것을 찾아 구체적으로 칭찬해주세요. "물고기 눈이 살아 있는 것 같아. 괴물 다리에 난 털이 귀여운데?"라며 아이의 활동에 관심을 가지고 표현해주는 것이 좋습니다. 아이의 작품에 제목을 붙여주고 아이의 설명을 글로 받아 적어주는 것 또한 아이 스스로 자신의 작품에 의미를 부여하는 좋은 기회가 된답니다. 아이의 작품에 대해 예민하게 굴지 말고 아이의 생각을 읽어주고 표현한 것에 집중하고 관심을 보여주세요.

## 함께 읽으면 좋은 그림책

《축구선수 월리》 앤서니 브라운 글·그림 | 웅진주니어

《여름이 온다》 이수지 글·그림 | 비룡소

《우리 가족은 수제비 요리사》 김현진, 심초아 글·그림 | 주니어이서원

## 6장

# 칭찬 샤워, 이렇게 하자

## 동기부여하는 법이 고민인 날의 엄마 일기

이제는 칭찬 스티커도 시들해진 것 같다. 처음엔 칭찬 스티커 받으려고 이도 열심히 닦고 유치원 다녀와서 손도 잘 씻고 밥도 열심히 먹었는데 이젠 스티커가 필요 없다고 한다. 스티커로 아이의 행동을 조정하려고 했던 것에 문제가 있었던 것일까? 그렇다면 어떻게 아이에게 동기부여를 하고 스스로 행동하게 만들 수 있을까?

## 엄마 노트

- 칭찬에도 기술이 필요합니다.

나는 큰 소리로 칭찬하고 작은 소리로 비난한다.

● 러시아 격언

한 어린아이가 말을 더듬습니다. 그 아이는 자신감이 많이 떨어져 있었죠. 그의 어머니는 아이에게 이렇게 말합니다. "그건 네 머리가 정말 좋기 때문이다. 네 혀가 너의 똑똑한 머리를 쫓아갈 수 없어서 말을 더듬는 거란다"라며 용기를 북돋아주었어요. 그 아이의 어머니는 바로 GE를 세계적 기업으로 성장시킨 CEO 잭 웰치(Jack Welch)의 어머니입니다.

잭 웰치를 성공적으로 키워낼 수 있었던 가장 큰 힘은 엄마의 격려와 칭찬에 있다는 점을 보여주는 이야기입니다. 아이들은 다른 사람이 자신에 대해 말하는 것을 통해 자신의 이미지를 형성해나갑니다. 따라서 부모의 격려와 응원은 그 무엇보다 아이를 성장시키는 가장 큰 힘이 됩니다.

사람은 누구나 칭찬을 좋아하지요. 심지어 갓 태어난 아이도 칭찬에 반응합니다. 아이의 눈을 바라보고 따뜻한 미소를 지어주면 그대로 따라하며 기분 좋은 반응을 보입니다. 아이의 옹알이, 발길질, 뒤집기 같은 작은 행동 하나하나를 응원하고 격려해주세요. 자신에 대한 긍정적인 인식과 높은 자존감을 형성하는 시작점입니다.

'자기 주도성'이 무엇보다 중요한 시대에 살고 있습니다. 자기 주도성이란 목표에 달성하기 위해 자기 스스로 계획하고 완수하고 노력하는 것을 말해요. 자기 주도성은 자신에 대한 자기확신과 실패에 대한 두려움이 없는 긍정적 태도에서부터 발현되는데, 이를 만드는 것이 바로 칭찬입니다.

미국의 교육심리학자 로버트 로젠탈은 1964년 피그말리온 효과를 증명하는 실험을 했어요. 그는 샌프란시스코의 한 초등학교에서 무작위로 학생을 뽑았고 담임 선생님에게 무작위로 뽑은 학생 명단을 가리키며 성적 향상이 기대된다고 했어요. 그후 명단에 있던 아이들의 성적은 다른 아이들에 비해 크게 향상되었지요. 담임 선생님의 긍정적 기대가 아이를 변화시킨 것입니다. 긍정적이고 희망적인 메시지는 변화의 힘을 가지고 있습니다.

이와 함께 '칭찬의 역효과'에 대한 부분도 꾸준히 논의되어오고 있어요. 아이가 달리기 경주에서 2등을 했을 때 "어머, 우리 아들 2등 했네. 정말 잘했다. 다음엔 좀 더 노력해서 1등 하자"라고 하면 이 말이 아이에게 어떻게 들릴까요? 2등 한 것으로는 성에 차지 않는다는 메시지에 무게가 실립니다. 칭찬은 또 하나의 평가가 됩니다. 결과에 초점을 둔 칭찬은 다음 기회에 실패할 것에 대한 두려움을 조장하기도 합니다. 결과에 치우친 칭찬을 숨기는 것이 지혜로운 부모의 칭찬 기술입니다.

## 그림책 처방

《칭찬 먹으러 가요》(고대영 글·김영진 그림, 길벗어린이)는 부모의 관심과 칭찬을 온몸으로 느끼며 자라는 지원이와 병관이의 이야기예요.

아빠 생일입니다. 아빠는 생일 선물로 한 달에 한 번씩 등산을 하자고 제안합니다. 등산 첫날, 산에 오르는 길이 만만치 않네요. 발걸음이 무거워지고 힘이 들어 털썩 주저앉자 지나가던 어른들이 칭찬해줍니다. 지원이와 병관이는 포기하고 싶지만 다시금 힘을 내 산에 오릅니다. 몇 살이냐고 묻는 어른들의 관심은 힘든 줄 모르게 만듭니다. 드디어 정상에 올라오니 옆에 있던 아저씨도 칭찬해줍니다. 내려가는 길, 신이 납니다. 배고픈 차에 먹는 맛 난 음식은 더욱 기분 좋게 합니다. 칭찬

덕분에 힘든 등산길을 거뜬히 오르내린 지원이와 병관이는 다음 산행을 한껏 부푼 마음으로 기대합니다.

### ❶ 칭찬은 구체적으로 해주세요.

칭찬은 가르침이고 사랑이고 훈육입니다. 자기 중심성이 강한 아이는 발달 특성상 다른 사람과 함께 살아가는 세상에서 어떤 행동을 취하고 버려야 할지 잘 모릅니다. 이때 부모의 칭찬은 구체적인 지침이 되어주지요. 동생에게 자신의 장난감을 나누어주었을 때, 어떤 일을 끝까지 마무리했을 때 아이가 노력한 부분에 중점을 두고 칭찬을 해준다면 아이는 자신이 앞으로 어떤 행동을 해야 하는지 정확히 알 수 있습니다. "나누어주기 힘들었을 텐데 이제 마음이 많이 자랐구나." "예전에는 끝까지 못 했는데 이만큼 해내다니 애썼네." 아이는 이런 말을 통해 자신에 대한 긍정적 인상을 갖게 됩니다.

### ❷ 내적 동기를 일깨워주는 칭찬을 해주세요.

어느 한적한 시골 마을에서 조용히 살아가던 노인의 집 앞 공터에 언제부턴가 아이들이 와서 뛰어 놀기 시작했어요. 아이들에게 화내고 혼내보았지만 소용 없자 노인은 전략을 바꾸었습니다. 집 앞에서 노는 아이들에게 고맙다며 1달러씩 주기 시작했어요. 며칠 후 노인은 아이들에게 돈이 부족하니 50센트만 주겠다고 했습니다. 그러자 아이들은 겨우 그 돈을 받고는 여기서 놀 수 없다며 다음 날부터는 오지 않았어요. 외적 동기가 내적 동기를 무너뜨리는 좋은 예입니다. 외적 동기의 부작용을 기억하세요.

❸ 단점이 장점이 되는 순간을 위해 시각을 바꿔보세요.

100가지를 잘하는 아이의 엄마는 아무 걱정이 없을 것 같지만 그렇지 않습니다. 1가지 잘못하는 것에 집중하면 잘하는 것에 대해 가치 있다고 여기지 못하기 때문이지요. 완벽해지기를 바라는 마음, 좀 더 나아질 것에 대한 기대와 욕심은 아이의 장점보다는 단점에 집중하게 만듭니다. 그리고 단점으로부터 비롯된 실수나 실패에 여유로운 태도를 보이기 어렵습니다.

아이가 실패했을 때 "역시 그럴 줄 알았어"라며 혀를 끌끌 차지는 않았나요? 아이의 실수와 실패에 한숨 쉬고 아이에 대한 기대감을 저버리는 행동을 부지불식간에 하지는 않았나요?

아이의 행동이 느리고 겁이 많다면 신중하고 인내심이 강한 아이라 생각하면 좋겠어요. 공격적이고 감정적인 아이의 경우 적극적이며 감수성이 풍부하다고 칭찬해주면 어떨까요? 얼마든지 단점이 강점이 될 수 있습니다.

《옆집에 사는 완벽한 아이》에 등장하는 옆집 아이는 로봇처럼 완벽합니다. 못 하는 것이 없네요. 엄마는 그 아이와 나를 비교하는 말을 합니다. 나는 그 말 때문에 점점 작아지는 것을 발견합니다. 아이 마음에 다른 사람과 나를 비교한다는 느낌이 들지 않게 해주세요. 우리 아이만 가진 소중한 장점을 찾아주세요.

---

**함께 읽으면 좋은 그림책**

《옆집에 사는 완벽한 아이》 한주형 글·그림 | 책과콩나무

《오늘은 칭찬받고 싶은 날!》 제니퍼K.만 글·그림 | 라임

《꾸욱꾸욱》 염규복 글·그림 | 꾸욱꾸욱

---

## 7장

# 가르치지 말고
# 경험하게 하라

## 아이에게 필요한 경험이 궁금한 날의 엄마 일기

영유아기에는 최대한 많은 것을 경험하게 하라는 이야기를 자주 듣는다. 직접 경험이 중요하다던데 어른들 말씀을 들어보면 아이가 어렸을 때 했던 것 대부분을 기억하지 못하니 돈 쓸 필요 없다고들 하신다. 성인이 되어 기억에 남지도 않을 경험을 위해 시간과 돈을 지출해야 하는지 그리고 경험이 필요하다면 어떤 경험을 어떻게 하도록 해주어야 하는지 궁금하다.

## 엄마 노트

**– 강을 거슬러 헤엄쳐본 사람만이 강물의 세기를 압니다.**

> 당신의 삶에서의 모든 경험은
> 삶에서 당신이 앞으로 나아가는 데 필요한 것을
> 가르쳐주기 위해서 준비된 것들이다.
>
> ● 브라이언 트레이시

우리는 경험을 통해 많은 것을 배웁니다. 직접 보고 부딪혀
보고 과정에서 느끼고 경험하고 지식을 자기 것으로 만들어갑
니다. 아이들은 '경험'을 원합니다. 교재에 담긴 평면적이고 추
상적인 지식이 아니라 구체적이고 실체가 있는 배움을 얻고 싶
어 합니다. 그 과정을 어떻게 디자인해주느냐에 따라 적극적이
고 탐험을 즐기며 배움의 기쁨을 느끼는 아이로 성장할 수도 그
반대의 모습을 가질 수도 있습니다. 무언가를 학습할 때 가장
좋은 방법은 배운다는 생각이 들지 않고 흥미와 호기심을 바탕
으로 경험하는 것입니다.

러시아 문학을 대표하는 세계적인 거장 도스토옙스키의 소
설 《카라마조프 가의 형제들》을 보면 다음과 같은 구절이 나옵
니다. "어린 시절의 즐거운 추억이 많은 아이는 삶이 끝나는 날
까지 안전할 거야." 실제로 어린 시절에 경험한 다양한 추억은

전 생애에 걸쳐 든든한 힘이 되어줍니다.

1962년 한 연구에서 서로 다른 환경에 노출된 쥐의 피질 무게를 측정했더니 자극이 풍부한 환경에 있었던 쥐가 평균적으로 조금 더 많은 피질을 가지고 있다는 것이 밝혀졌습니다. 경험이 뇌의 구조를 변화시킨다는 것을 처음으로 입증한 실험이었죠. 1964년에는 아인슈타인의 뇌를 연구한 매리언 다이아몬드도 포유동물 뇌의 변화를 보여주는 증거를 제시했는데 앞의 연구와 마찬가지로 자극이 풍부한 환경에서 생활한 쥐가 자극이 빈약한 환경에서 자란 쥐에 비해 대뇌피질이 더 두꺼웠습니다. 또한 1960년대에 이전까지는 뇌에 신경세포가 더 생기지 않는다고 알려졌지만 과학자 조지 알트먼에 의해 경험을 통해 뇌에 새로운 뉴런이 생긴다는 사실이 증명되었습니다.

호기심과 흥미를 바탕으로 교육적 경험을 선택하고 배운 아이들은 정서적 안정감과 자신감을 가집니다.

우리나라 아이들의 학업 성취도를 보면 세계적으로 높은 수준에 있지만, 학업에 대한 흥미도나 자기 주도학습 능력은 최하위에 속합니다. 성인이 가르치는 것을 수동적으로 받아들이는 것이 최고의 교육이고 가장 빠른 길이라 생각한다면 다시 한 번 생각해보아야 합니다.

## 그림책 처방

《모두에게 배웠어》(고미 타로 글·그림, 천개의바람)는 세상 속에서 아이가 무엇을 배우는지 알 수 있는 그림책이에요.

작은 아이가 걷는 것은 고양이에게, 달리는 것은 말에게, 조용히 산책하는 것은 닭을 통해 배웁니다. 세상 모든 것이 배울 대상이고 새로움의 연속이지요. 아이가 바라보는 세상은 그러합니다. 아이의 시선을 따라가다 보면 쉽게 지나쳤던 우리 주변을 다시금 새로운 시각으로 보게 됩니다. 모두에게 배울 수 있고 모두가 가르침이 될 수 있다는 교훈을 얻습니다.

❶ 자연을 경험하고 느낄 수 있도록 해주세요.

자연에서의 야외활동이 많은 아동이 성년이 됐을 때 정신질환 발생률이 55%가량 낮다는 연구 결과가 있습니다. 또한 유년기의 야외활동이 인지능력을 개선시킨다는 보고도 있습니다. 야외에서 많은 시간을 보낸 사람은 오른쪽 배 외측 전전두피질의 회백질이 3% 정도 증가했다고 해요.

싱가포르 교육부는 자연 교육의 목표를 이렇게 설명합니다. "자연에서의 경험은 결코 교실에서는 제공할 수 없는 값지고 실질적인 것이다. 아웃도어 교육은 청소년에게 강인함(ruggedness), 역경을 극복할 힘(resilience), 자존감(confidence)과 독립심(independence)을 키워준다."

❷ 아이의 순간을 함께 추억할 수 있게 해주세요.

그림책《삶의 모든 색》에는 우리가 살아가면서 경험하고 느낄 삶의 순간을 스냅 사진 형식으로 포착해 놓았어요. 비 오는 날 비를 맞으며 하늘을 향해 힘껏 소리 지르며 놀았던 순간, 이마에 난 상처를 치료하며 세상이 불공평하다고 느꼈던 순간, 그 어떤 시간보다 행복하고 신비로웠던 크리스마스 어느 날, 엄마에게 있는 힘껏 반항하며 소리쳤던 순간을 기억합니다. 우리 자녀에게도 돌아보고 싶고 기억하고 싶은 순간이 있지요. 성장과 변화를 느꼈던 순간이 있습니다. 그 순간을 기록해놓고 함께 꺼내볼 수 있도록 해주세요. 이는 앞으로 경험할 삶의 순간을 온 맘 다해 기대하도록 만들 테니까요.

## 함께 읽으면 좋은 그림책

《삶의 모든 색》 리사 아이사토 글·그림 | 길벗어린이

《곰이 강을 따라갔을 때》 리처드 T. 모리스 글·르웬 팜 그림 | 소원나무

《친구가 있어, 앞으로 앞으로!》 레인 스미스 글·그림 | 문학동네

## 8장

# 두뇌를 깨우려면

## 야무진 아이로 키우고 싶은 날의 엄마 일기

아이가 4살이 되었다. 이제 자기 생각이나 의견을 이전보다 명확하게 표현할 수 있게 되었다. 언제 저런 단어를 듣고 익혔는지 깜짝 놀랄 때가 많다. 대견하고 이쁘다. 육아가 너무 힘들다가도 쑥쑥 자라는 아이 모습을 보면 뿌듯하다. 말을 하게 된 것을 보면 인지발달도 폭발적으로 일어나고 있을 텐데 이 시기에 어떤 자극을 주어야 할까? 좀 더 똑똑하고 야무진 아이로 키우고 싶은 욕심이 혹 아이 발달에 부정적인 영향을 주지는 않을지 조심스럽다.

## 엄마 노트

－우리 아이의 뇌는 지금 얼마나 능력을 발휘하고 있을까요?

사람의 뇌는 크게 3층 구조로 구성되어있어요. 1층 뇌는 생명의 뇌, 2층 뇌는 감정의 뇌, 3층 뇌는 이성의 뇌라고 할 수 있지요. 3층 뇌인 대뇌피질은 전두엽, 후두엽, 두정엽, 측두엽 4개의 뇌로 구성되어 있어요. 모든 동물에게도 뇌가 있는데 인간이 만물의 영장이 된 데에는 뇌의 특별한 영역 때문입니다. 바로 3층 대뇌피질 중 전두엽이라는 두뇌 역할 때문이지요.

서유헌 교수의 《천재 아이를 원한다면 따뜻한 부모가 되어라》라는 책에서 전두엽은 어릴 때부터 시작해 평생 서서히 발달하고 유아기 3~4세경부터 시작하여 7~8세 초등학교 초년까지가 가장 빠르다고 말합니다. 전두엽에 문제가 생기면 요즘 심심치 않게 볼 수 있는 ADHD(주의력 결핍 및 과잉 행동 장애)가 발생합니다.

그럼 인간의 뇌는 어떻게 발달할까요? 0세, 이 시기에는 신경세포를 연결하는 신경회로 시냅스가 매우 엉성한 상태에 있답니다. 이를 세밀하게 연결해나가기 위해 아이들은 보고 듣고 만지고 냄새를 맡지요. 특히 피부의 신경세포는 풍부한 신경회로로 뇌와 연결되어 있습니다. 신체접촉은 뇌 발달에 직접적인 영향을 미칩니다. 이는 정서 발달뿐 아니라 뇌 발달과도 직결되어 있다는 점에서 매우 중요합니다.

만 1~2세에는 대·소근육이 급격한 발달을 보이죠. 특별히 소근육을 이루는 '손'은 중요한 역할을 합니다. 뇌에서 신체 기관을 관장하는 부분 중 가장 넓은 면적을 차지하는 것이 손을 담당하는 부위입니다. 따라서 세밀한 손작업을 많이 할수록 뇌도 함께 발달해요. 양손을 함께 사용해야 좌뇌와 우뇌가 균형있게 발달합니다.

좌뇌는 언어 능력, 논리력, 분석력, 수학적 조작능력을 우뇌는 비언어적 기능, 전체적이고 종합적인 사고, 공간 지각 능력, 창의성, 심미적 감성 능력을 담당합니다. 사람의 뇌는 태어날 때부터 3세까지는 우뇌로 활동하고 3~6세에 접어들면서 우뇌에서 좌뇌로 이동하다가 6세 이후 좌뇌 중심 활동이 이루어진다고 합니다. 창의성이 더욱 중요해지는 시기인 만큼 창의성 발달을 급격히 이룰 수 있도록 균형감 있는 뇌 발달을 할 수 있도록 도와야겠지요.

만 3~6세, 언어의 폭발기입니다. 언어는 사고 발달과 연관이 깊어요. 전두엽이 집중적으로 발달하는 시기입니다. 전두엽은 사고 기능, 도덕성, 종교성 등 인간이 동물과 다른 특성을 드러내게 만드는 영역이랍니다. 종합적인 사고를 가능하게 만드는 뇌 발달이 이루어지는 시기입니다.

인간의 뇌는 움직입니다. 사용하는 만큼 그 기능이 발현되고 능력이 높아집니다. 많이 보고 많이 듣고 경험하는 가운데 진화해가는 영역이지요. 즐겁고 새로운 정보를 처리해가는 과정에서 뇌는 생각지 못한 능력을 발휘하기도 한답니다. 우리 아이의 뇌는 지금 얼마나 자신의 능력을 발휘해나가고 있나요?

## 그림책 처방

《신기한 머릿속 이야기 수리수리 뇌》(이현 글·박재현 그림, 마루별)는 우리 몸속 마술사 '뇌'가 주인공이 되어 아이들에게 필요한 뇌 이야기를 쉽게 들려주는 그림책이에요.

뇌는 어떻게 생겼을까요? 뇌는 우리 몸속 어디에 들어있을까요? 하는 일은 무엇일까요? 마술사 수리수리 뇌가 "수리수리 얍!" 하고 주문을 걸면 뭐든 할 수 있게 됩니다. 식물에 뇌가 생긴다면 어떤 일이 벌어질지도 상상해볼 수 있어요.

**❶ 몸 놀이가 아이 두뇌를 만들어요.**

미국 시카고 네이퍼 빌 고등학교는 정규교과 수업 전 강도 높은 0교시 체육 수업을 한다고 합니다. 체육 수업이 학생들의 체력과 집중력을 높이고 성적 향상에 변화를 주었기 때문이지요. 뉴사이언티스트 보도에 따르면 일주일에 3번 30분씩만 운동해도 학습능력과 집중력이 15%나 좋아진다고 합니다.

가톨릭대 김영훈 교수는 운동하면 뇌에 산소를 공급하고 뉴런의 성장을 촉진하며 뉴런 간의 더 많은 연결을 촉진하는 인자를 많이 분비시킨다고 합니다. 또 운동은 도파민을 유발하는 신경을 활성화합니다. 인간 신체 중 가장 큰 근육은 허벅지 근육입니다. 이 근육의 신경은 뇌간과 연결되어 있어요. 운동하면 근육에서 나온 신호가 뇌로 전달되고 이는 뇌 활동을 활발하게 만들지요. 가까운 곳을 걸어 다니는 것부터 시작해보세요.

**❷ 아이의 놀이를 지지해주세요.**

놀이와 인지발달은 어떤 연관이 있을까요? 《노는 만큼 성공한다》를 쓴 김정운 교수는 "제대로 놀지 못하면 위기가 찾아올 것이다"라고 말할 정도로 놀이를 중요하게 봅니다. 잘 노는 아이가 경쟁력 있는 아이라는 말의 근거는 인지발달 심리학자 피아제의 연구에서도 찾을 수 있습니다.

피아제는 인지발달이 동화, 조절, 평형의 과정을 거쳐 이루어진다고 말합니다. 소꿉놀이를 예로 들어볼게요. 역할을 정하는 과정에서 아이들은 자신의 가정환경을 모방하는 동화를 경험하지요. 그러다 아기가 갑자기 울어댄다든지 남편이 느닷없이 강아지를 데려온다든지 하는 예측하지 못한 상황 속에서 아이들은 자신의 행동을 조절하고 평형을 맞추어 나갑니다. 놀이를 위한 규칙을 만들고 자신의 행동을 수정하고 맞추어 나가는 과정에서 두뇌발달은 자연스럽고 폭발적으로 이루어집니다.

### ❸ 엄마 스스로 행복한지 돌아보세요.

미국 케임브리지대 연구팀은 15쌍의 부모와 아이(평균 연령 316일)를 대상으로 연구를 진행했어요. 이 연구에서 엄마들은 긍정적 표현과 부정적 표현을 아이에게 보여주었습니다. 이후 엄마와 아이의 뇌파가 얼마나 비슷한지 관찰했습니다. 그 결과 엄마가 행복할 때 엄마와 아이의 뇌파가 서로 비슷해지는 것으로 나타났습니다. 반면 엄마가 우울하면 엄마와 아이의 뇌파가 달라졌습니다.

감정은 우리의 두뇌가 다른 사람들과 정보를 공유하는 방식을 변화시킵니다. 긍정적인 감정은 훨씬 더 효율적인 방식으로 의사소통하는 데에 도움이 됩니다. 아이의 뇌가 발달하려면 엄마가 여유롭고 행복해야 합니다. 엄마의 감정 상태는 아이와 상호작용의 질을 높이고 아이의 뇌를 자극하기 좋은 환경을 만들어준답니다. 엄마의 마음이 어떠한지 먼저 돌보세요.

## 함께 읽으면 좋은 그림책

《운동이 최고야》 이시즈 치히로 글·야마무라 코지 그림 | 천개의바람

《코끼리 놀이터》 서석영 글·주리 그림 | 바우솔

《아빠와 피자놀이》 윌리엄 스타이그 글·그림 | 비룡소

## 9장

# 수학적 감각을 높이려면

## 우리 아이 수학이 걱정인 날의 엄마 일기

아이가 요즘 숫자 세기에 집중하고 즐겁게 논다. 동전과 지폐의 가치도 제법 비교할 수 있게 된 것 같다. 이렇게 수에 눈을 뜨고 감을 익혀가는 것을 보니 신기하다. 주변 친구들을 보면 연산 학습을 하는 아이들이 있다. 다들 수학의 중요성을 미리부터 인지하고 있는 듯하다. '수포자'(수학 포기자)라는 단어가 어색하지 않게 통용되는 시대에 내 아이만은 예외이기를 바라는 마음이 한껏 투영된 것 같기도 하다.

# 엄마 노트
## - 수학의 중요성과 친밀함

> 4차 산업을 주도하고 더 나아가 그 한계마저 초월해 앞서 나아가기 위해서는
> 절대로 빼놓을 수 없는 과학이 세 가지가 있다.
> 그것은 바로 첫째도 수학이고 둘째도 수학이며 셋째도 수학이다.
>
> ● 일본 경제산업성과 문부과학성 공동 보고서 〈수리자본주의 시대〉

우리 사회는 스포츠 산업에서부터 시작해 문화 산업, IT산업, 생명과학 산업까지 일상의 많은 부분에서 수학적 알고리즘을 폭넓게 활용하고 있습니다. 손흥민 선수의 경기력을 향상하기 위한 경기력 분석과 훈련과정, 휴식에 관련된 모든 것이 자료화되어 부상을 막는 데 활용되지요. 게임 개발을 위한 과정에도 확률과 통계, 방정식, 함수와 도형에 대한 이해가 필요합니다. 시스템 생물학이라는 학문은 생명현상을 전산학, 수학, 물리학, 화학 등의 원칙을 사용하여 분석하고 발명하는 것을 목표로 합니다. 수학은 이처럼 우리 일상에 꼭 필요한 도구이면서 삶의 질을 높여주는 중요한 학문입니다.

이렇게 깊이 있는 수학을 논하지 않더라도 우리 주변에서 얼마든지 수학적 상황을 많이 만납니다. 마트에서 물건을 살 때, 빵을 나누어 먹을 때, 분리수거를 할 때, 놀이 공원에서 키를 잴

때 등 다양한 상황에서 우리는 수학을 만납니다. 우리 일상에서 수학은 밀접한 관계를 맺고 있는데 우리는 수학을 낯선 학문으로만 이해하고 있는 현실이지요.

수학이라는 학문은 그가 가진 순수성보다는 대학 입시에 필요한 중요한 도구로 전락한 느낌입니다. 수학 경시대회 입상이 좋은 대학에 입학하는 보증수표로 인식되고 영재원에 입학하지 않으면 성공적인 학습자에서 밀려난 듯한 인상을 지우기 어렵습니다. 이러한 분위기에 휩쓸려 영유아기부터 정답을 찾아내는 수학 학습에 물들어 아이들이 수학을 즐기고 수학에 대한 흥미와 호기심을 갖기란 어불성설입니다. 수학을 직접 경험해보고 생각해볼 기회를 막아놓은 채 수학을 왜 못하냐고 윽박지르고 있지는 않은지 생각해볼 문제입니다.

친구와 장난감을 똑같이 나누어 가지는 행동, 놀이 후 장난감을 정리하는 행동, 내 몸에 맞는 크기의 옷을 고르는 행동까지 우리의 일상은 수학적 자료가 될 수 있어요. 이러한 수학적 경험을 의미 있는 학습 기회로 확장해준다면 수학에 대한 이해와 긍정적 태도를 형성하도록 도울 수 있습니다.

# 그림책 처방

《자꾸자꾸 초인종이 울리네》(팻 허친스 글·그림, 보물창고)
는 과자를 인원수에 맞게 나눠 먹는 상황을 통해 자연스럽게 나
눗셈의 원리와 나눔의 기쁨을 동시에 깨닫게 해주는 그림책이
에요.

엄마가 과자를 만들어주셨어요. 과자는 모두 12개. 샘과 빅토
리아는 둘이서 과자를 나누어 먹으려고 해요. 몇 개씩 나누면
좋을까요? 그때 옆집에 사는 톰과 한나가 놀러 오네요. 넷이
되었어요. 과자를 3개씩 나누어 먹으면 되겠네요. 그 뒤에도
자꾸자꾸 초인종이 울립니다. 결국, 12명까지 늘어나네요. 사
람 수에 맞게 과자를 나누는 과정을 즐겁게 보여줍니다. 나눗
셈에 대한 개념을 자연스럽게 이해할 수 있도록 도와주는 그
림책입니다.

❶ 구체물로 수학 개념을 파악하게 도와주세요.
수학은 그저 셈을 위한 학문이 아닙니다. 우리가 살아가는 사
회의 질서와 패턴과 구조에 관한 이야기 그리고 그들의 논리적
인 관계에 대한 학문입니다. 즉 우리가 사는 세상에 관한 이야

기랍니다. 따라서 수학 개념을 파악하기 위해서는 우리 일상과 맞닿아있는 현상을 살펴보고 문제 상황을 해결해보는 경험이 무엇보다 중요합니다.

　가족의 몸무게를 직접 재어보면서 수의 크기를 이해하고 단위를 알아가는 경험, 이를 통해 아이들은 수학이 일상과 밀접하게 연관되어 있음을 알게 됩니다. 이러한 과정은 수학을 지루하고 정답만 내야 하는 고리타분한 영역으로 인식하지 않도록 도와줍니다. 수학이 신나고 흥미로운 이야기가 될 수 있도록 도와주려면 일상에서 수학을 즐겁게 경험하는 것이 무엇보다 중요합니다.

## ❷ 과학을 통한 수학 교육도 가능합니다.

　자연현상, 즉 과학은 수학과 밀접한 관련이 있습니다. 예를 들어 우리는 계절의 변화를 통해 측정과 패턴, 시간, 통계에 대해 이해할 수 있습니다. 또 지구, 해, 달과 같은 태양계에 대한 이해를 통해 공간과 도형에 대한 개념을 접할 수 있습니다. 애완동물이나 식물 키우기 등을 통해 순서 짓기, 분류, 측정, 통계 등을 경험할 수 있습니다. 따라서 아이가 성장하면서 자연현상에 대한 개념을 잡아갈 때 수학적 사고를 함께할 수 있도록 도울 수 있습니다.

❸ 스스로 생각하는 힘을 길러주세요.

문제를 해결하기 위해 다양하게 생각할 줄 알고 전략을 개발할 수 있다면 수학 공부를 위한 기초가 튼튼하게 완성되어 있다고 볼 수 있습니다. 이를 위해 아이에게 여러 가지 면에서 궁리할 수 있도록 질문하는 것이 좋습니다. "왜 그렇게 되었다고 생각하니?" "어떻게 되었을까?"와 같이 생각하는 힘을 키워주는 질문을 해주세요. 부모의 질문은 아이 스스로 생각하는 힘을 길러줍니다.

## 함께 읽으면 좋은 그림책

《자꾸자꾸 시계가 많아지네》 팻 허친스 글·그림 | 보물창고

《앗, 티라노사우루스 크기가 궁금해!》 앨리슨 리멘타니 글·그림 | 로이북스

《백만 개의 점이 만든 기적》 스벤 볼커 글·그림 | 시원주니어

## 10장

# 유아기부터
# 경제 관념을 갖게 된다면

## 아이의 경제 관념이 염려되는 날의 엄마 일기

옆집 엄마는 아이가 태어나자마자 아이 명의의 통장을 만들어두었다고 한다. 또 다른 엄마는 아이에게 주식을 사주기 시작했다고 한다. 주식 투자가 열풍이긴 한데 아이들에게 벌써 주식, 투자 이런 이야기를 해주어야 하는지 잘 모르겠다. 자본주의 사회에서 탄탄한 경제력과 경제 마인드를 가지고 생활하는 것은 필요하다고 보지만 벌써 돈 공부를 시키는 것이 썩 내키지 않는다. 그런데 주말이나 명절에 어른들에게 받는 용돈을 자기 마음대로 쓰고 싶다고 한다. 이럴 땐 설명을 해주어야 하는데 말문이 막힐 때가 있다. 돈 공부을 어떻게 시키면 좋을까?

## 엄마노트
### – 돈 공부, 왜 해야 할까요?

포스트 코로나 시대, 뉴노멀이 다각도로 빠르게 바뀌고 있지요. 앞으로 어떻게 바뀔지 모르는 카오스 같은 시대 속에서 우리 자녀는 어떻게 해야 경제적 독립을 이룰 수 있을까, 고민이 됩니다. 부모 세대에는 누구나 알 만한 명문대학을 졸업해 대기업에 다니면 안정적인 경제생활을 영위했습니다. 그러나 우리 자녀들이 살아갈 세대는 이전 시대와 많이 달라졌지요. 수익 창출 구조의 다양화는 이전에 없던 새로운 직업군을 만들어내고 이는 나이와 상관없이 큰 수익을 경험하게 합니다.

"돈이란 최선의 하인이요 최악의 주인"이라는 영국 철학자 프랜시스 베이컨의 말이 있습니다. 돈은 우리에게 꼭 필요한 것이지만 모든 삶의 가치를 돈으로만 따지거나 너무 의존하게 될 때 우리는 인간이 지녀야 할 다른 소중한 가치들을 잃을 수 있습니다. 그렇기 때문에 아이들이 돈에 대해 올바른 철학을 가질 수 있도록 이끄는 것은 무엇보다 중요합니다.

그러나 우리나라에서는 돈 공부하는 것을 저급하다고 여기는 경향이 있었습니다. 그래서 성인이 되어도 금융에 관한 지식이 전혀 없는 경우가 많습니다. 돈의 가치를 알고 쓰임을 제대로 이해해야 돈의 주인이 될 수 있습니다.

뉴욕주에서 7세 아이가 판매허가증 없이 레모네이드를 팔다가 주 보건국으로부터 제재를 당했습니다. 이 소식을 들은 뉴욕주지사는 허가증 받는 비용을 대신 내주겠다며 아이를 지지했습니다. 곧이어 주 상원 의원은 어린이들이 허가증 없이도 레모네이드를 판매할 수 있도록 하는 법안을 상정했습니다. 미국 아이들은 사회의 지지를 받으며 돈 버는 법을 배웁니다. 이 과정에서 아이들은 자연스럽게 원가, 매출, 순이익, 수요와 공급과 같은 경제 원리를 깨우칠 뿐 아니라 독립적인 경제인으로서 자신의 미래를 구체적으로 그리게 될 것입니다.

세계적인 부호 중에는 유대인이 많습니다. 그들은 돈에 관한 공부를 부끄러워 하지 않는 문화 속에서 유년을 보냈습니다. 노동을 통한 정당한 수익을 창출하는 것, 이에 대한 가치를 높게 여기고 어릴 때부터 창업과 관련된 경험에 노출됩니다. 올바른 소비, 돈에 대한 개념, 저축의 필요성, 노동 가치를 설명해주는 것은 삶의 중요한 문제입니다.

《100원이 작다고?》(강민경 글·서현 그림, 창비)는 돈들의 대화를 통해 다양한 돈의 쓰임새와 경제 개념을 익힐 수 있는 그림책이에요.

캄캄한 밤, 준선이 책상 밑으로 10원, 100원, 1000원, 10000원, 50000원이 모입니다. 10원은 자신의 몸에 상처가 날 뻔한 상황을 가까스로 모면하며 자신을 소중히 여겨달라고 다른 돈에게 말해요. 그러자 100원은 10원을 무시하며 쓸모없는 돈이라고 해요. 10원은 자신이 모여야 100원이 될 수 있다며 반박합니다. 100원짜리로는 무엇을 할 수 있을까요? 사탕이나 연필을 살 때, 자판기에서 음료를 뽑을 때 등 100원이 필요한 곳은 생각보다 많아요. 1000원, 10000원, 50000원도 각자 자신의 가치를 이야기하며 돈의 교환가치에 대해 생각해볼 수 있도록 합니다. 돈들의 수다를 통해 저축, 교환가치, 투자 가치등 알기 쉽게 경제 개념을 익힐 수 있습니다.

❶ 노동의 가치를 경험하게 해주세요.
미국 재무관리 상담사 데이브 램지는 자녀에게 노동하는 법

을 가르치지 않는 부모는 다정하고 너그러운 것이 아니라 무책임한 부모라고 말합니다. 노동은 경제 활동에 있어 가장 기본적인 부분입니다. 선진국에서는 경제 교육의 최우선 과제로 노동을 꼽습니다. 돈을 버는 일이 쉽지 않음을 알아야 돈의 가치를 알고 돈을 쉽게 쓰지 않게 됩니다. 자신이 본 책을 책꽂이에 정리하기, 빨래 개기, 수저 놓기, 이부자리 펴고 개기, 화분에 물 주기, 신발 정리하기와 같은 집안일을 돕는 것은 노동의 의미를 이해할 수 있는 작은 실천입니다.

### ❷ 돈에 관해 이야기 나누어보세요.

"나는 항상 돈 때문에 우리 아이들의 인생이 망가질까 봐 걱정했어요. 아이들이 돈의 가치를 알고 쓸데없는 곳에 돈 낭비하지 않기를 원했습니다." 록펠러 가문은 철저한 용돈 교육을 바탕으로 지금까지 미국 1호 가문의 명성을 이어가고 있습니다.

미국의 석유왕 존 데이비드 록펠러. 그의 자산가치는 빌 게이츠 자산의 3배 약 1920억 달러로 한화로 182조에 이르렀다고 합니다. 그는 하루도 빼놓지 않고 장부를 기록했으며, 한 푼도 소홀히 하지 않고 수입과 지출금, 저축과 투자금 그리고 사업과 자선금의 명세서를 작성했다고 합니다. 그의 이런 자세는 록펠러 2세에게 조기 금융 교육으로 전해져 아들에게 매일 용돈 기입장을 쓰게 했다고 하지요. 일주일에 한 번씩 용돈 사용처를 확인하고 용돈 사용에 대한 지침도 제시했다고 합니다. 개인적인 용돈, 저축, 기부 이렇게 세 부분으로 나누게 하고 잘한 자녀에게는 상금을 그렇지 않은 아이에게는 벌금을 내게 했다고 합니다. 경제 관념은 저절로 형성되는 것이 아닙니다. 매일의 노력이 만들어낸 결과물입니다.

❸ 소비에 관해 이야기해보아요.

"부자가 재산을 자랑하더라도 그 부를 어떻게 쓰는지에 대해 알기 전에는 칭찬하지 마라." 소크라테스의 말입니다. 아이는 성장하면서 점점 소비에 대한 개념이 생깁니다. 돈과 재화를 바꿀 수 있다는 것을 알게 되면서 소비에 욕심을 내기도 합니다. 난데없이 충동적인 소비를 하기도 합니다. 갖고 싶은 물건을 손에 쥐지 못할 땐 좌절감을 느끼기도 하지요. 원하는 것을 모두 가질 수 없다는 것을 알지만 조절이 쉽지 않습니다. 이 때문에 아이들은 떼를 쓰고 어깃장을 부리기도 하지요.

이 모든 상황이 경제 교육을 할 수 있는 좋은 시간입니다. 마트에 갔을 때 현재 사용할 수 있는 돈의 범위를 알려주세요. 그리고 사고 싶은 다양한 것 중에 하나만 살 수 있음을 알려주고 선택하게끔 해주세요. 돈과 상품을 교환해보는 경험도 제공해보세요. 경제 교육은 단순히 돈을 쓰지 말고 저축만 하라고 알려주는 것이 아니에요. 자신의 욕구를 조절하고 현명한 소비자가 되는 노력도 포함되어 있습니다.

## 함께 읽으면 좋은 그림책

**《용돈 주세요》** 고대영 글·김영진 그림 | 길벗어린이

**《레몬으로 돈 버는 법》** 루이즈 암스트롱 글·빌 바소 그림 | 비룡소

**《왜 저축해야 돼?》** 오시창 글·오유선 그림 | 꿈터

### No. 4 콜버그(Lawrence Kohlberg, 1927년~ 1987년) 도덕성 발달 이론

콜버그는 미국의 심리학자로 장 피아제의 인지 이론에 영향을 받아 도덕성 발달에 대한 이론을 제시했다. 인간의 도덕 발달은 크게 3개 범주로 나누어 총 6단계에 걸쳐 발달한다고 보았다.

콜버그의 도덕 발달단계는 하인츠 이야기를 통해 이해해볼 수 있다. 죽어가는 아내를 위해 약을 구하러 다니는 하인츠라는 남자가 있다. 간신히 찾아낸 치료 약은 어떤 약사가 개발한 신약. 하지만 약사가 요구한 금액은 약을 만드는 데 든 돈의 10배인 2,000달러다. 필사적으로 노력했지만, 1,000달러밖에 구할 수 없었던 하인츠는 약사에게 부탁한다. "이 약이 없으면, 아내는 죽을 수밖에 없습니다. 약을 싸게 팔거나, 나머지는 나중에 드리면 안 될까요?"

하지만 약사는 돈을 벌기 위해 힘들게 개발한 약이라며 거절한다. 절망한 하인츠는 죽기 직전인 아내를 위해 약을 훔치고 만다. 하인츠는 '잘못된 행동'을 한 걸까? 콜버그는 그 대답에 따라 '도덕성 발달 단계'를 나누었다.

### – 도덕성 발달단계 –

\* 제1수준 : 전 관습적 수준 (Pre-conventional level)

**1단계 : 벌과 복종의 단계 (Obedience and punishment orientation)**
복종과 처벌이 판단의 기준이 된다. 잘못된 행동을 하면 감옥에 잡혀가니까 잘못된 행동이라고 판단하는 것이다. 벌을 받지 않는 행동이 도덕적 행동의 기준이 되는 것이다.

**2단계 : 도구적 목적과 교환의 단계 (Self-interest orientation)**
자신의 욕구를 충족시킬 수 있는지 없는지가 도덕적 판단의 기준이다. 하인츠는 자신의 아내를 살리기 위해 약이 필요한 것이므로 약을 훔친 행동에 잘못이 없다고 판단한다. 자신의 욕구가 가장 중요한 판단 근거가 된다.

## * 제2수준 : 관습적 수준 (Conventional level)
### 3단계 : 개인 간의 상승적 기대, 관계, 동조의 단계(Interpersonal accord and conformity)

대인관계의 조화를 위한 도덕적 판단을 한다. 옳은 행동은 타인과 좋은 관계를 유지하고 기대에 맞게 행동하는 것이다. 하인츠가 아내를 정말 사랑한다면 약을 훔치는 것이 맞지만 훔치는 행동은 가족이나 다른 사람에게 실망을 안겨주는 행동이기 때문에 잘못된 행동이라고 판단한다.

### 4단계 : 사회체제와 양심보존의 단계 (Authority and social order obedience driven)

옳은 행동이란 사회질서를 유지하면서 자신의 의무를 다하는 것이다. 약을 훔치는 행동은 사회질서와 법체계를 뒤흔드는 행동이므로 용인되어서는 안 된다고 판단한다. 더불어 양심의 가책이나 죄의식 등에 대해 생각하게 된다.

## * 제3수준 : 후 관습적 수준 (Post-conventional level)
### 5단계 : 권리 우선과 사회계약, 혹은 유용성의 단계(Social contract orientation)

사회계약 정신으로서의 도덕성 법과 질서가 무조건 옳은 것이 아니라 사회적인 유용성에 따라 합의에 이르게 되면 바뀔 수 있다고 본다. 약을 훔친 것은 잘못된 행동이나 아내를 살리기 위해서는 어쩔 수 없었다고 생각한다.

### 6단계 : 보편윤리적 원리의 단계 (Universal ethical principles)

도덕적 원리에 따라 스스로 선택한 양심적인 행위가 올바른 행위라고 본다. 불법이라도 도덕적으로 올바른 행동이 있다고 생각하고 사람의 목숨이 무엇보다 중요하다고 판단할 수 있는 단계에 이른다.

## [참고도서]

· 《EBS LIVE TALK 부모》 EBS LIVE TALK 부모 제작팀 | 경향미디어 | 2017

· 《EBS부모: 아이 발달 편》 EBS부모 제작팀 | 경향미디어 | 2013

· 《EBS부모: 정서발달 편》 EBS부모 제작팀 | 경향미디어 | 2013

· 《EBS 60분 부모: 성장발달편》 EBS 60분 부모 제작팀 | 지식너머 | 2010

· 《EBS 60분 부모: 행복한 육아편》 EBS 60분 부모 제작팀 | 경향미디어 | 2012

· 《3~7세 기적의 시간》 소가와 타이지 | 키스톤 | 2019

· 《그림책으로 읽는 아이들 마음》 서천석 | 창비 | 2015

· 《엄마의 그림책》 김소라 외3명 | 이비락 | 2016

· 《그림책 테라피가 뭐길래》 오카다 다쓰노부 | 나는별 | 2018

· 《내 마음을 읽어주는 그림책》 김영아 | 사우 | 2017

· 《다시 아이를 키운다면》 박혜란 | 나무를 심는 사람들 | 2013

· 《대한민국 엄마표 하브루타》 김수진 외 6명 | 공명 | 2018

· 《똑똑한 엄마는 강점스위치를 켠다》 리 워터스 | 웅진 리빙하우스 | 2017

· 《부모라면 자기조절력부터》 이시형 | 지식 플러스 | 2016

· 《생각하는 아이 기다리는 엄마》 홍수현 | 국일 미디어 | 2011

· 《시키는 것만 하는 아이들》 박미진 | 아주 좋은 날 | 2014

· 《신디의 결혼 수업》 신디 | 더퀘스트 | 2019

· 《신의진의 아이심리백과》 신의진 | 걷는 나무 | 2011

· 《아이의 사생활》 EBS아이의 사생활 제작팀 정지은 외3 | 지식채널 | 2009

· 《아이의 스트레스》 오은영 | 웅진리빙하우스 | 2012

· 《아이의 자기조절력》 이시형 | 지식채널 | 2013

· 《엄마가 될 너에게》 신동원 | 흐름 | 2019

· 《엄마 내공》 오소희 | 북하우스 | 2017

· 《엄마의 그림책》 김소라 외 3인 | 이비락 | 2016

· 《오은영의 마음처방전 성장》 오은영 | 웅진리빙하우스 | 2014

· 《육아가 힘들 때 그림책에게 배웁니다》 김주현 | 글담출판 | 2020

· 《육아살롱 in 영화, 부모 3.0》 김혜준 외1인 | smart business | 2017

· 《임영주 박사의 그림책 육아》 임영주 | 믹스커피 | 2019

· 《적당히 육아법》 하세가와 와카 | 웅진 리빙하우스 | 2020

· 《질문하고 대화하는 하브루타 독서법》 양동일 김정완 | 예문 | 2016

· 《화날 때 쓰는 엄마 말 처방전》 가와무라 쿄고 | 예문아카이브 | 2017

· 《화내는 당신에게》 SBS스페셜 제작팀 | 위즈덤 하우스 | 2012